災害に負けない「居住福祉」

早川和男
Hayakawa Kazuo

藤原書店

災害に負けない「居住福祉」　目次

災害に負けない「居住福祉」

はしがき

「災害は忘れた頃にやって来る」と言ったのは寺田寅彦であるが、私は「災害は居住福祉を怠ったまちにやってくる」と考えている。「居住福祉」とは、主権者としての市民の安全と暮らしと幸福の為に、まちや村や山里や海辺に根ざして生きてきた人々の生業《なりわい》を守る。住民が力を合せてつくりあげてきた地域の伝統文化を外からの力で壊さず、維持し発展させる。それらによって、その土地に住む人々の安全と暮らしを支え、いっそう豊かにする。森や農地や川や海辺を保全し、必要な住居の保障、コミュニティの維持、各種老人福祉施設、障がい者施設、公民館、幼稚園、保育所、公園、ちびっ子広場、緑陰、水面の保全などの生活環境施設を整備する等々。要は日常の生活基盤の充実に力を注ぐことである。一言で言えば、それは基本的人権としての「居住の権利」を守ることである。

阪神・淡路大震災後、「危機管理の欠如」が指摘された。地震時の行政相互の連絡・対応の遅さ、自衛隊出動の指揮権・首相官邸や内閣官房の機能の不明確、通信情報機能態勢の不備その他――その論議も必要であろう。

だが、行政が日常から住む主体としての市民のいのちや健康を守ることに取り組まないで、どのような防災対策も成立しない。危機管理とはまず日常、市民が安全に暮らせる町にすることが基本である。それを放置したままで、いのちを救うことはできない、というのが「居住福祉」の基本的な考え方である。

国は膨大な「国防予算」を仮想敵国に向けて使っているが、あいつぐ巨大災害から国土と国民を守ることに割くべきであろう。

従ってまた、防災は役所の「防災対策課」だけの仕事ではなく、すべての行政とかかわっている。各行政分野は、町の主権者は市民であることを認識し、市民の命と健康を守り、自然を壊さず、福祉を充実させ、子どもから高齢者までの人間性と暮らしを尊重することを基本にするべきである。ふだん市民の人権を尊重しない行政が、震災時に市民の命を守ることはできない。

防災とは、日常から市民のいのちと生活を大切にする自治体や、政府であるか、それを住民主権で行っているか、にかかっている。そのためには、主権者である市民・国民が、安全で安心できる「居住の保障」を、権利として自覚し常に要求していく姿勢と努力が必要なのはいうまでもない。

東日本大震災を前にして、被災者への心の痛み、悼みとともに、戦後、国民の多くが瓦礫に立って軍国日本から民主国家への転換を誓ったように、新しい日本のあり方の方途を追求せねば、と思う。

神戸在住で阪神・淡路大震災に直面した私は、その後、鳥取県西部地震、新潟県中越大震災、新潟大地震、能登半島沖地震、宮城・岩手大地震、福岡県西方沖（玄界島）地震、北海道南西沖（奥尻）地震、有珠山、三宅島噴火等の被災地を何度も訪れた。そして、災害と復興の過程から見えてきたことの中心課題は、人が生き、地域社会をつくる基盤としての「居住復興」であること、その実現には日本の居住政策や国土計画のパラダイム的転換が必要であることをあらためて感じた。大きな犠牲を払った大震災の教訓を学びとることこそは、生き延びた者の最大の責務である。

本書では、第一に東日本大震災によって明らかになったことがら、いわば歴史的教訓を四つの視点から述べる。①学者・専門家の責務、②住宅土地政策の市場原理から社会保障と公共政策への転換の必要性、③復興の主体は居住者という「居住民主主義」の実現、④原発克服の課題である。

第二に著者が近年提起している「日常的な居住環境整備が暮らしと福祉の基盤となり、防災につながる」という前述の「居住福祉」概念の延長線上にある「居住福祉資源」という考え方とその意義について述べる。

本書が、あいつぐ巨大災害から教訓をひきだすことで、防災の考え方と取り組みに少しでも寄与できることを期待している。

第Ⅰ部

東日本大震災に想う——復興への四つの視角

1　地震・原発の警告無視と政治・行政・企業・学者の責任

▩無視された地震の警告

日本の地震予知の研究はかなり進んでいるのではないか、と地震が専門でない私には思われる。例えば、阪神・淡路大震災の場合、地震二一年前の一九七四年六月末、神戸市の委託で大阪市立大学理学部と京都大学防災研究所による、神戸市教育委員会のスタッフも参加した二年がかりの報告書「神戸と地震」（一九七四年十一月、神戸市総務局、土木局）が刊行された。そこには、こう書かれていた。

①神戸に目だった地震が発生していないということは逆に、地震エネルギーが蓄積されているということである。

②六甲山周辺の地震活動は弱いが無感地震は絶えず発生しており、新しい地殻変動の状態にあ

る。

③都市直下型の地震が発生する可能性があり、その時には断層付近で亀裂、変位が起こり、壊滅的な被害を受けることは間違いない。

『神戸新聞』（一九七四年六月二十六日夕刊）は一面のほぼ全ページを使ってこの調査結果を報道した**（図表1）**。

しかし、これに対する神戸市の対応は予想外のものであった。翌七月某日、神戸市役所会議室で重大会議が開かれた。以下は当時の関係者や新聞記者の証言に基づいた推測である。

市長　先日の大阪市大・京大の報告書は臨海部に断層破砕帯があり、直下型地震によって神戸市街地に壊滅的被害があると指摘するなどあまりにも刺激的だ。新聞発表の前に表現を和らげるなどの手を打てなかったのか。

A部長　努力はしましたが、藤田和夫先生（大阪市立大学教授）らは客観的な調査の結果だから、行政は危険性を認識して対策を急ぐべきだ、と強硬で、手直しはダメでした。

B局長　そりゃそうだ。警告は活断層という最新の理論にもとづくものだし、市民の安全を考えれば警告を受け入れて地震対策にとりくむべきじゃないか。

C局長　今頃なにを言ってるんだ。市長はああいう報告がひとり歩きしたら、空港計画は

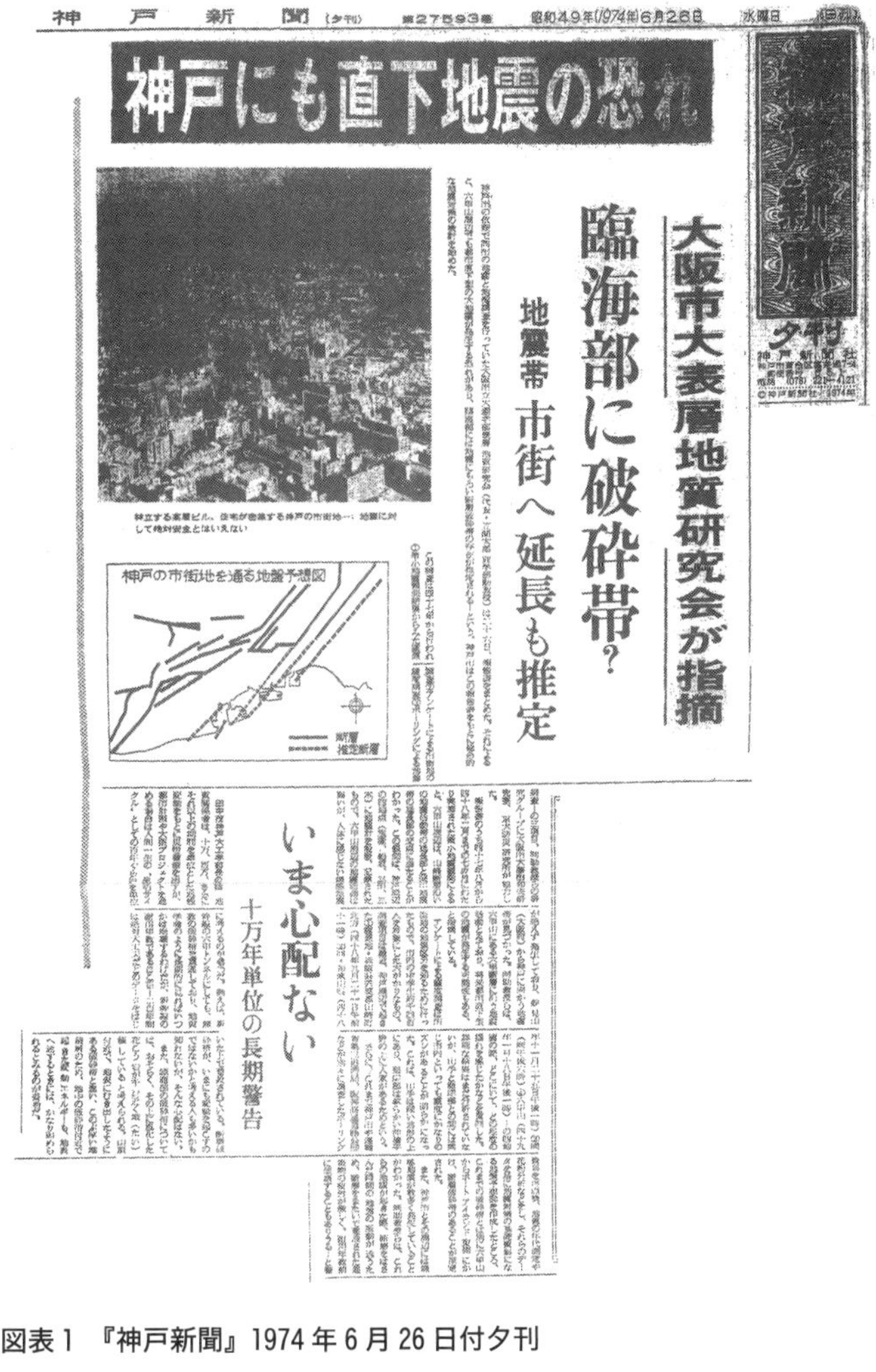
神戸新聞（夕刊）　第27593号　昭和49年(1974年)6月26日　水曜日

神戸にも直下地震の恐れ

大阪市大表層地質研究会が指摘

臨海部に破砕帯？

地震帯　市街へ延長も推定

林立する高層ビル、住宅が密集する神戸の市街地…地震に対して絶対安全とはいえない

いま心配ない

十万年単位の長期警告

図表１　『神戸新聞』1974 年 6 月 26 日付夕刊

致命的打撃を受けると憤慨しておられる。空港反対の連中は勢いづくだろうし、あれ以来、神戸沖を目の敵にしている運輸省、大蔵省はもちろん、関西財界だって、危険な神戸沖に空港はつくれん、と泉州沖のPRに利用するだろう。埋め立ても開発も八方ふさがりだ。

市長 そのとおりだ。ああいう報告はなかったことにしよう。

助役 防災基準の見直しはやらない。報告はボツ。これは市長の命令だ。学者があれこれいってきても報告は絶対に認めないことにする、わかったな。

A部長 神戸大学のT工学部長には情報をいれておいたので、先生は「地震は一〇万年単位の話、心配はいらん」という全面否定の談話を新聞に発表してくれました。市民の動揺も今のところそれほど心配することはないと思います。市会には十分根回しをして……。めったなことがないように手を打ちます。

（市民がつくる神戸市政白書委員会編『神戸黒書』一九九六年一月、旬報社）

『朝日新聞』（一九九六年一月十二日夕刊）は〝神戸市・被害予告の報告書隠す〟という見出しで、このことを報道した。その中で神戸市の担当課長は「震度5強」（次頁参照）としたことについて、「二十年前のことで報告書は残っておらず、直下型という表現があったかどうかわからない。神戸周辺で有史以来の記録から最大の震度をとった」と語っている（市民団体は当局が「残っていない」

という前掲報告書を探しだして復刻した)。

地震の予知・警告は、市民の生命の安全に奉仕すべき行政自体によって闇に葬られた。

地震学者たちは警告し続けた。一九七九年、三東哲夫・神戸大学理学部教授は兵庫県への報告書にこう書いた。

六甲山系西南西〜東北東方面に並走している多くの活断層の再活動はそう遠くなく、規模も大きいことが予想される。特に神戸市は震度5でも大きな被害をうけることは必然で、これ以上地震に対して脆弱な都市をつくることは許されない。

一九八五年十二月、地震予知研究会で佃為成氏(京大防災研究所、後に東大地震研究所)は「兵庫県下など近畿地方にはマグニチュード7クラスを超える大地震が発生してもおかしくない条件がそろっている」と警告した。

大阪市立大学等による警告の約一〇年後、神戸市防災会議に設けられた地震対策部会幹事会で、委員の神戸海洋気象台・稲葉昴課長が想定震度6による対策を主張した。それに対し、市側は「それでは金がかかりすぎる。開発も空港もできなくなる」と反論、結局震度5強に決定、耐震対策は見送られた（前掲『神戸黒書』）。

神戸市政内部にも街と行政の現状について危機感を抱いていた部局もあった。一九七〇年代初期、神戸市消防局は京大工学部堀内三郎教授の協力で、大地震時の火災の発生及び延焼について詳細な調査をしていた。その調査結果を、『朝日新聞』（一九七四年一月二十二日、神戸市内版）は、「大地震想定した延焼動態図――長田・兵庫区は『ほぼ全滅』」と、概ね半ページ大で報じた**（図表2）**。

神戸市内の風速六メートル、出火一時間の延焼状況を予測したところ二七〇カ所で出火、兵庫、長田両区は全面積の半分以上に火勢が広がり、手のつけられない状況になる。また、道路も消火栓も満足に使えない状況で、市内各署に三、四台しか配置されていない消防車では全く消火活動のできない事態も十分考えられるため、この延焼予測結果は真剣に検討しておく必要がある、と市消防局はみている。

しかし行政部局内の警告にも有効な対策はとられず、調査の予測どおり、長田、兵庫区のすさまじい延焼状況がテレビ画面いっぱいに映し出され、全国、そして世界の人びとは息をのんだ。

こうして見ると、世の中には「原発安全神話」を撒き散らした人たちを含め、権力・金力に囲

新聞　昭和49年（1974年）1月22日　火曜日

長田・兵庫区は「ほぼ全滅」

大地震想定した延焼動態図

火の広がり予測 避難方法も検討

市消防局

長田、兵庫両区はほぼ全滅、東灘、垂水両区は比較的被害が軽い——神戸市消防局は大地震で市内各地からいっせいに火災が発生した場合の火の広がり方をコンピューターで予測した延焼動態図を二十一日までに作成した。市内で火災に強い地域、火の燃え広がりにくい地域の色分けがかなりはっきり出ており、これを基礎資料に災害時の市民の避難方法をはじき出すことにしている。

予測は京大工学部堀内三郎教授の協力でおこなわれた。神戸市街地のうち不燃建築物が全面積の一〇%以下である部分を除いた地域を二百七十に区分して、各地域のほぼ中央部分から出火した、と想定。対象区域には十四万六千九百余戸の木造建造物があるが、それら全部の建ぺい率、大きさ、どの程度の防火構造が施されているか、などからさらに周囲の道路状況までのデータをコンピューターにかけた。風速は三㍍から二〇㍍までの六段階、消火活動は全くできない状態を想定した。

その結果、風速六㍍で、出火一時間の延焼状況は——。二百七十区域のうち火が出火地点だけにとどまり、延焼をまぬがれるのは六十九区域。とくに東灘区は五十二区域中二十七区域、垂水区は二十五区域中十四区域が「延焼ゼロ」で、比較的被害は軽く済みそう。

逆に兵庫、長田両区はどの区域も全面積の半分以上に火勢が広がり、手のつけられない状況になる。また湊川をはさんだ灘区の人口密集地帯も一面が火でおおわれることになり、万一大地震が発生した場合はこの三地帯が救出活動のポイントになると、市消防局ではみている。

しかし長田区内でも山地区は八〇%以上の区域が火の手をまぬがれるのをはじめ、兵庫区の会下山公園周辺など"安全地帯"もはっきりあらわれている。市消防局はこの延焼予測にさらに市街地構造、地域人口などのデータを加えて、災害が発生した場合、市民をどう避難させたらいいか、も予測することにしている。

市消防局の話ではどの予測で出火地点を二百七十カ所としたことにはっきりした根拠はないという。しかし四十三年五月の十勝沖地震で東北の諸都市で起きた石油ストーブによる出火率を神戸に当てはめると「二千五百カ所で出火」という予測もあるほどで、二百七十カ所から出火という想定はむしろ控え目だという。また、道路も消火せんも満足に使えない状況で、市内各所に三、四台しか配置されていない消防車では全く消火活動のできない事態も十分考えられるため、この延焼予測結果は真剣に検討しておく必要がある、と市消防局はみている。

住民から多数の意見 市道商大線の拡張計画

都市計画道路についての住民の意見を聞かせて——と神戸市が垂水区の市道商大線拡張計画をめぐって開設した臨時相談所への相談

でよい」という拡張反対論が十六件あった。その他の意見は市の計画案に関する問い合わせだった。相談にきたのは買い物帰りの主婦や通勤途中のサラリーマンなどが多く、これまでの形式的な公聴会では得られない率直な住民の意見が聞かれたという。これらの意見のまとめと、それに対する市側の考えを二月中にも改めて住民側に示す予定。

図表2　『朝日新聞』1974年1月22日付

われた大学教授、警告を受け止めず拒否・看過する首長、議員、役人等々の反社会的で堕落した人々が多数存在する一方で、学問的良心を有する毅然とした学者・専門家あるいは行政部局内の真面目な人たちの存在に、この国の復元力を期待したい。震災後、神戸市内で激増した野宿者を支援する「神戸の冬を支える会」には、神戸市職員も参加している。

もし阪神地域での地震の近いことが行政によって市民に積極的に告げられていたら、橋梁や高速道路や河川護岸等々の他の公共施設のみならず、民間の住宅・ビル等も経済力のある企業や住宅所有者は自力で、力のない者は公的補助を求めて耐震補強したであろう。行政は郊外の新規住宅開発でなく市街地内の老朽密集地の改造に向かわざるをえなかったであろう。戻らぬいのち、家族と職場の崩壊、失業、故郷を離れた多数の被災者、一〇数兆円という被害額や五万戸近い仮設住宅、一人五百万円という死者への弔慰金等々を含めると、その人的・精神的・物的犠牲と費用は莫大である。

犠牲はそれに止まらず、震災後は学校の体育館など劣悪な居住環境の避難所で九百人以上、山の中などの仮設住宅で二五三人の孤独死や自殺者を出し、同じく多くは山の中などに建てられた復興公営住宅では今なお毎年四〇―六〇人（二〇一一年一月現在六八一人）の犠牲が続いている。

被災地の中心である神戸市政は「株式会社」の異名をとり、長年完全オール与党体制のもとで市民の安全は眼中になく、「開発行政」「都市経営」に邁進した。「大震災」はそのツケであった。阪神・淡路大震災を「人災」という人は少なくなかったが、私は「行政災害」と呼んだ。だがいま考えると、「行政犯罪」と呼ぶのが正しいかもしれない。

震災被害拡大の背景は地震警告の無視だけではなかった。開発利益追求本位の市政のもとで、これまでにも述べたように災害防止及び生活基盤としての街づくりには徹底的に手抜きがなされていた。その様相をもう少し詳しく述べよう。震災直後、私は『朝日新聞』(一九九五年一月二十一日夕刊)からコメントを求められ、別掲紙面となった(図表3)。

また、同じく震災直後、週刊経済誌『エコノミスト』(一九九五年二月二日号)から原稿を依頼されたとき、阪神・淡路大震災と神戸市政の関わりについて、「市長の詫び状」として、次のような一文を草した。ここには兵庫県南部地震を「大震災」にした都市経営の実態、「行政の責任」が克明に記されている。

一被災学者の夢――「神戸市長」の詫び状

被災者の皆さん、肉親を失われたご家族の皆さん! 今回の地震がかくも大きな被害をもたらした背景には、これまでの私ども神戸市政のあり方が深く関わっていると言わざるを得

1995年（平成7年）1月21日　土曜日　朝日新聞（夕刊）

兵庫県南部地震

被害広げた開発行政

後回しだった安全や生活の保障

早川　和男
（神戸大学教授・建築学）

はやかわ・かずお　一九三一年、奈良県生まれ。京大卒。日本住宅公団、建設省建築研究所を経て、七八年から現職。著書に『居住福祉の論理』など。神戸市灘区在住。

ドスンと音をたてて背中が突き上げられる。これは大きい。急いで階下に下りる。食器棚が倒れ、茶わんや皿は粉々、棚から本や書類が飛び出し、散乱し、足の踏み場もない。余震が続く。六甲山中腹の自宅からは市内が一望できた。もくもくと立ち上がる黒煙、立ち上がる火柱。どんどん燃え広がっている。消防車は何をしているのか。湾岸戦争時のイラク爆撃の光景と同じでないか。

翌十八日、片付けの合間に町に出た。JR六甲道駅はぺしゃんこ、いつも通る商店街は焼け野原。あちこちから煙が上がっている。鉄筋コンクリートの建物も中は丸焼け。

海に近づくに従って倒壊家屋が増えていく。ぐしゃりとつぶれた家、かわら、柱や壁、家具のたぐいが入り交じった文字通り瓦礫の山。この下敷きになったのでは助けるのは容易ではあるまい。一階部分が押しつぶされたり、傾いた木造アパート。狭い道は倒壊家屋でふさがれ、通れない。母親と娘が抱き合って泣いている。

近代都市を襲った直下型地震、予想を超えた地震エネルギーなどとテレビで語られている。そうに違いない。高速道路、新幹線、巨大ビルの破壊などはそれを物語っている。確かに大地震である。だが、それを「大災害」にしたのは、このように脆弱な都市にしてきた行政にあるのではないか。

「今のような巨大開発を続ければ、いつかそのつけが回ってくる。そのとき犠牲になるのは市民である」。神戸に住んで十七年、その開発指向の異様さを警告し、地元新聞にも書いてきた。不幸にもそれが現実になった。

市民本位の町づくりが必要

神戸市は株式会社といわれるほど商売にたけ、その都市経営論は赤字財政に悩む自治体の羨望の的となっていた。だが、儲け中心だから、経営がうまくいっているように見えるのは当然である。山を崩し、海を埋めて人工島を造り、売った。六甲山を開発して新神戸駅とリフトで結んだ。エキゾチックムードのハーバーランドも造った。そして、神戸沖空港……とあくことがない。

それに伴う山や海や生活環境の破壊には目を向けない。住民の反対運動や裁判闘争を、行政は「反対のための反対にすぎない」などと無視してきた。

行政が巨大開発とイベントに明け暮れていれば、市民の安全や生活の保障は後回しにされる。今回、大きな被害を受けた長田区や兵庫区などは寅さんの映画に出てくるのと同じ下町の人情味ゆたかな住みやすい町である。だが、その一方で、老朽木造住宅が密集し、商店、工場、住宅が混ざりあい、細い道もたくさんあり、安全性に欠ける。古い木造家屋の下敷きになって亡くなった高齢者が多かった。

行政の最大の責務は市民が安全で安心して住み続けられる住宅と町をつくることである。それがこの町では切り捨てられ、戦災と見まがう人命の損失と焼け野原につながったのではないか。経済効率中心の都市開発が被害を甚大にしたといわざるをえない。

橋、高速道路などの構築物の震災対策の強化が論じられている。当然である。だが、大地震でも倒れない家、延焼しにくく、消火活動の容易な街の構造、電気・ガス・水道などのライフラインの頑丈な共同溝、こういう町づくりこそが本当の震災対策であり、福祉の町づくりである。

わが国では住宅建設は個人の甲斐性や不動産業者まかせだった。それでは高齢者の不満と不安が大きい。放置してもおけないというので、高齢者住宅をちょっとだけ建てる、あるいは危険な住宅地は放置しておいて、災害対策として避難広場をつくる、といった対症療法が多い。これでは何の解決にもならない。町づくりの基礎理念から考え直さなければならない。

このことは神戸市政だけの問題ではない。日本は高度成長政策を都市計画に重ね合わせた。その結果、都市は市民の生活空間ではなく、金融や不動産業者らの利益追求の場と化した。都心の空洞化や狂乱地価もその一環である。このような状況を一八〇度変えなければ、これからも「大災害」は各地で生じるであろう。

まず、生活者としての市民の声に謙虚に耳を傾けることから始めるべきである。神戸市と兵庫県は神戸沖空港建設を進めようとしてきたが、今回の「大災害」を目の前にしてもなお、空港が経済活性化に必要と言い張るのだろうか。行政は「兵庫県南部地震」の教訓が何かを十分考えるべきである。

兵庫県南部地震で多数の家が倒壊した。安心して住める町づくりが望まれる＝神戸市東灘区で

図表3　『朝日新聞』1995年1月21日付

ません。

ここに深くお詫びし、反省し、今まで忘れていた市民の生活と福祉に、行政を一八〇度転換することをお誓い申し上げます。

今回の大地震は自治体が利益追求に走るとどういう結果になるか、如実に示しました。

先に私は「震度六や七で直下型の地震というのは、何千年何万年という単位の災害だ。そういう確率を想定して都市はつくれない。今回のような地震が日本の他都市で起きたら同じ結果になるだろう」(『毎日新聞』一九九五年一月十九日夕刊)と申し上げましたが、まことに不明でした。

京都府、和歌山県、大阪市などは震度六以上を想定した地域防災計画に早くからとり組んでいるのです。神戸市は一九八六年にやっと防災計画(地震編)を策定しましたが、その折、震度六・直下型の可能性を指摘されながら、「対策に金がかかりすぎる」として、震度五強にとどめたのであります。漸愧に耐えません。

神戸市に予算がないわけではありません。ご承知のように株式会社と言われるほど、私どもの都市経営は一面で評価されてきました。ドイツ・マルク、スイス・フランなどのほか、国内からも多額の借金をして大規模開発に努めてまいりました。一般会計においてさえ借入金は多く、市民一〇万人あたりの金利支払いは横浜市二八億円、札幌市三一億円などに比べ神戸市は五九億円です。新市域拡大の土木建設工事に巨額の税金を投入し、借金が激増したからです。自治体本来の使命である安全や福祉に回す予算は削らざるをえなかったのです。

神戸市の都市経営の原理は「最少の費用で最大の福祉」と宣伝してきましたが、実際は「最大の市民負担で最低の福祉」だったと反省せざるをえません。

たとえば公共料金は日本一といってよいでしょう。ポートライナーは一区間二四〇円です。住民や中央市民病院に通う患者・家族の重い負担となっています。固定資産税は他の都市よりも評価額を上げることで高く、下水道料金は一立方メートルあたり大阪市の二五円に比べ、神戸は六五円です。デイサービス等の在宅福祉政策は、対人口比で全国の都道府県・指定都市の中で下から三番目、兵庫県下二一市でも下から三番目です。その他プール、保育、母子保健、国民健康保険料等々すべて高いのです。憲法、地方自治法に即してなすべき自治体本来の仕事の多くは第三セクターに委ね、その一方で人工島、フルーツパーク、ハーブ園、ワイン城、デパート経営、ケーキ販売、ハーバーランドなどあらゆる事業に進出しました。

市民共有の財産である自然資源や生活環境を容赦なく金に換えました。新幹線新神戸駅前にあった中央市民病院をポートアイランドに移し、跡地はダイエーに払い下げました。中央市民病院は大事故に対応する使命のある第三次枚急病院として、便利な場所に存在すべきです。震災後数日間はこの離れ島に負傷者を搬送できず、そのうえ冷却水も出ず手術も不可能でした。また、六甲ライナーを通し、住吉川の景観と沿線住民の住環境を壊しました。

神戸は日本一公園面積が多いと宣伝してきましたが、これは六甲山の森林植物公園や新規開発地の公園を含めた数字です。長田・兵庫その他の既成市街地の公園は微々たるものです。火災が小さな公園で止まったのを見ますと、その欺瞞を深く恥じます。水道本管が破裂し消火活動を妨げました。戦前の古いコンケリート管などがたくさん残っているにもかかわらず、その取り換えに予算を回しませんでした。大規模開発やイベントにかまけて、皆さんの安全をないがしろにしました。深くお詫びします。

市民の反対はたくさんありました。だがオール与党の議会はチェック機能を果たさず、それをよいことに開発行政を押し通しました。

私どもは神戸の街づくりはすべて行政がやる、市民は口出しするなという姿勢でした。異議を唱える市民や大学教授はすべて敵視しました。市民主権という考えは念頭にありませんでした。(中略)

これだけの大災害であります。全力をあげて復興にとり組みます。先日は、土地区画整理、道路の拡幅、ライフライン、防災公園その他防災都市計画に力を入れると発表しましたが、ついこれまでの習性から市民の生命を守るという一番肝心のことを忘れていました。防災道路でコミュニティを分断し、お年寄りの住めない街にしたのでは何にもなりません。神戸市は六甲アイランドや西神ニュータウンのような利益のあがる開発には力を入れましたが、既存の住宅地の改善には手を抜きました。今後は老朽家屋を市が買いとって建替え、再び公営住宅として貸すといった市民が安全で安心して住みつづけられる住宅と街にすることに取り組みます。防災もその一環です。見かけ上の防災都市づくりを宣言し市民が住めなくなるというような過ちは再び致しません。

一月一九日、周縁に焦煙が立ちのぼる中で神戸沖空港は推進すると表明し、三〇日、地方港湾審議会を開いて六甲アイランド第二期計画を決定したことを恥じています。直ちに撤回します。今は資金も人力もエネルギーもすべてをあげて復興に取り組むべき時です。私の性根はおそらく市民の皆さんの厳しい批判、叱正、いや大きな圧力がなければ直らないと思います。どうか私、そして市政が再び過ちを繰り返さぬよう力を貸してください。最後に、他の自治体の首長の方々にひとこと申し添えておきます。「神戸市政の二の舞はしないでください」と。

全国各地で過去の「地震歴」が次々に報道されているが、これも貴重な「歴史からの警告」と受け止めるべきであろう。それに対する政府等の評価は驚くほど不十分である。

一方、現在では、東海、東南海、南海大地震に備えて防災対策にとりくんでいる自治体は多数ある。

例えば、過去の経験を受け止めて地震対策にとりくんでいる自治体の一つ宮城県仙台市の場合、一九三一年の昭和三陸地震、一九七八年の宮城沖地震、二〇〇八年の宮城・岩手内陸大地震以来、三〇年おきに九七％の確立で地震が起きるという専門家の警告をもとに、県は防災計画を見直し対応してきた。必要になる仮設住宅の建設候補地を三五市町村が調査し地図上にプロットした。病院、学校などを順次補強した。「仙台市の建築基準法は厳しい」と担当者は言う。

■原発推進協力者の反省と「阪神」の無反省

東日本大震災に際して、とりわけ厳しく問われねばならないのは、原発の安全性を主張し推進してきた人々である。「福島原発被災」に関連して明らかになりつつあることは、早くから原発の危険を警告してきた京大その他の研究者の迫害・抑圧・差別・疎外、推進と安全神話に加担した東大教授集団・原子力村の「利権」に群がる人々の実態である。国民の安全を守る立場に立たず、権力に従属し金に囲われた学者・専門家の責任は極めて重いことは前述のとおりである。

井野博満氏（東京大学名誉教授）は『福島原発事故はなぜ起きたか』（二〇一一年、藤原書店）の中で、原発専門家の反省を紹介している。

「三月三十一日、田中俊一前原子力委員会委員、松浦祥次郎元原子力安全委員長、石野栞東大

名誉教授の三氏が一六名の研究者・技術者を代表して記者会見し、『福島原発事故についての緊急建言』を発表した。『建言』の冒頭には『原子力の平和利用を先頭だって進めて来た者として、今回の事故を極めて遺憾に思うと同時に国民に深く陳謝いたします。』と述べられている」。

これについて井野氏は「残念ながら今回の事故をもたらした原子力推進体制についての根本的な問題の指摘はない。あまりに遅すぎた反省である」とコメントしている。そのとおりであろう。だが、阪神・淡路大震災では、地震の警告を覆い隠し対策を怠ることに加担した市長、役人、大学教授等々の陳謝・反省は今なお全く無く、震災後もその姿勢を変えていないのである。

居住を脅かす行政への協力者

行政追随の大学教授等は都市計画、土地政策、住宅政策その他、居住地や街など生活空間の形成や安全にかかわる専門分野でも少なくなく、その責任は極めて重い、といわねばならない。

例えば、一九八〇年代に入って、中曽根内閣のもとで都市計画や借地借家法などの規制緩和があいついで行われた。用途地域制の容積率・用途規制の緩和、国公有地の民間への払いさげ、借家人を追いだしやすくする借地借家法の改正、農民から農地を手放させて宅地化を容易にする宅地並課税の強化等々の法制度に加担し、不動産資本や大企業がこれまで以上に都市の再開発、郊外開発にのりだし、住民追い出し、都市膨張・都市集中に加担する役割を果たした。テレビなどマスメディアで繰り返し報道されたことだが、立地のよい町なかの空き家に入り込んで一晩中、大きな音をたてたり室内でたき火をしてまわりの居住者に嫌がらせをする、戸別訪問で脅すなど、時代劇に登場する悪徳代官の手先さながらの暴力的「地上げ」が横行し、住人は恐れおののいた。

また小泉政権のもとで、例えば二〇〇二年「区分所有法」を改正し、それまで団地の建て替えは老朽化と区分所有者五分の四の賛成という二つの条件が必要であったが、「老朽化」の条件をはずし、団地住民（管理組合員）を強制退去させて高層マンションに建て替える、団地ぐるみ地上げを容易にした。その結果、現在では自己所有の分譲住宅（マンション）といえども、立地や環境がよく容積率に余裕のある団地では、いつ業者に狙われるか分からない状況になっている。この法制度改正にも法律学者等が加担した。

御用学者はあらゆる分野で「活躍」している。私は、都市巨大化、居住貧困、居住の不安定化、追い出し、災害危険の拡大等々に関わる法制度の成立に協力した専門家は、いつかその責任を問われるときがくるだろう、と書いた（早川『権力に迎合する学者たち』二〇〇七年、三五館）。

▒知識人の条件

パレスチナ人のエドワード・W・サイードは『知識人とは何か』（大橋洋一訳、平凡社）の中でこう書いている。

知識人の責務とは、

いかなる権力にも権威にも奉仕しないことである
人間の悲惨と抑圧に関する真実を語ることが、所属する政党とか、国家への素朴な忠誠心などよりも優先されるべきである
きわめて片寄った権力にこびへつらうことで堕落した専門家として終わるべきではなく、権力に対して真実を語ることができる立場にたつこと
ものごとを、ただあるがままにみるのでなく、それがいかにしてそうなったのかも、見えるようになること

と。また、こうも言う。

知識人はアマチュアたるべきである。アマチュアリズムとは、専門家のように利益や褒賞によって動かされるのではなく、抑え難い興味によって衝き動かされ、より大きなふかん図を手に入れたり、境界や障害を乗り越えてさまざまなつながりをつけたり、また特定の専門

分野にしばられずに、専門職という制限から自由になって、観念や価値を追求する、社会の中で思考し憂慮する人間のことである。

いずれも傾聴すべき言葉である。

日本の戦後民主主義挫折の最大原因は、戦争責任を曖昧にしたことにある、と私は考えている。戦犯を追い続けた旧西独の反省との違いであり、諸災禍の遠因でもある。

過去に目を閉ざすものは現在にも盲目になる。

（ヴァイツゼッカー旧西独大統領）

二〇〇九年四月に三〇九人の犠牲者を出したイタリア中部のラクイラ地震で「地震学者が直前に安全宣言を出したために被害が広がった」として学者七人が過失致死罪で起訴された、という（『朝日新聞』二〇一一年五月二十六日）。

日本の国民は大学教授や専門家や「文化人」を、総じて「真っ当なことを言う人間」とみなす傾向がある。だが、大学に身を置いた者として、思い違いも甚だしいとしか言いようがない。そのことを、その実態と、なぜ当初は真面目な研究者であったはずの彼らがそうなっていくのかの分析を含めて、前掲『権力に迎合する学者たち』で分析した。サイードの言うように、知識人が本来の姿にもどらないと、過ちはくり返されていくであろう。イタリアのようにその責任を厳しく問われる時代が日本にも来るのだろうか。

2　公的・社会的な住宅・土地政策への転換

「阪神」「東日本」大震災その他の地震被害を目にして改めて考えることは、住宅と土地の公的・社会的性格への転換の必要性である。

例えば「阪神」は「住宅災害」であり、「東日本」は津波災害、放射能災害が大きく、諸々の対応に苦慮されている。

私は長年、人間にふさわしい住居に住むことは基本的人権であり、その実現には住宅・土地政策を現在の市場原理から社会政策の一環として転換しなければならない、と主張し続けて来た(『土地問題の政治経済学』一九七七年、『日本の住宅革命』一九八三年、東洋経済新報社。『住宅貧乏物語』一九七九年、岩波書店。『土地と住まいの思想』一九八八年、情報センター出版局。『早川式「居住学」の方法——五〇年の思索と実践』二〇一〇年、三五館、他)。その必要性が、相次ぐ震災のもとでより具体的に明らかになりつつある。そのことを念頭に置きながら、問題の所在を考えてみたい。

1　市場原理住宅政策から社会保障政策へ

▩阪神・淡路大震災は〝住宅災害〟

「阪神」での地震による直接の犠牲者五五〇二人の八八％は家屋の倒壊による圧死・窒息死、一〇％は零細密集住宅地での焼死、残る二％の大部分は狭い部屋での落下物による犠牲であった。阪神・淡路大震災は明らかに「住宅災害」であった。犠牲者は、市場原理・自助努力による住宅政策のもとで、中間層をもまきこみながら、家賃の安い老朽化した狭小家屋、低質の持ち家等に住まざるを得ない中低所得者層、高齢者、障がい者、在日外国人、被差別部落住人などを中心に、総じて日常から様々な形の「居住差別」を受けている人たちに多かった。

年齢別死亡者数は、七十歳以上が三三・七％、六十歳以上五三・一％で、「高齢者住宅災害」でもあった（図表4）。政府の強調する「在宅福祉」は、高齢者にとって好ましいものにちがいないが、現状では高齢者の生命を危険に陥れるものであることに留意すべきである。

また、神戸市内の生活保護世帯一万四九五一世帯のうち全壊三六一九世帯（二一・四％）、半壊二六五二世帯（一七・七％）。全半壊あわせると四二％、死者二七八人（生保世帯の一・二四％）

図表4　阪神大震災の兵庫県内の年齢別死者と同年齢人口に占める死者の割合（折線グラフ）

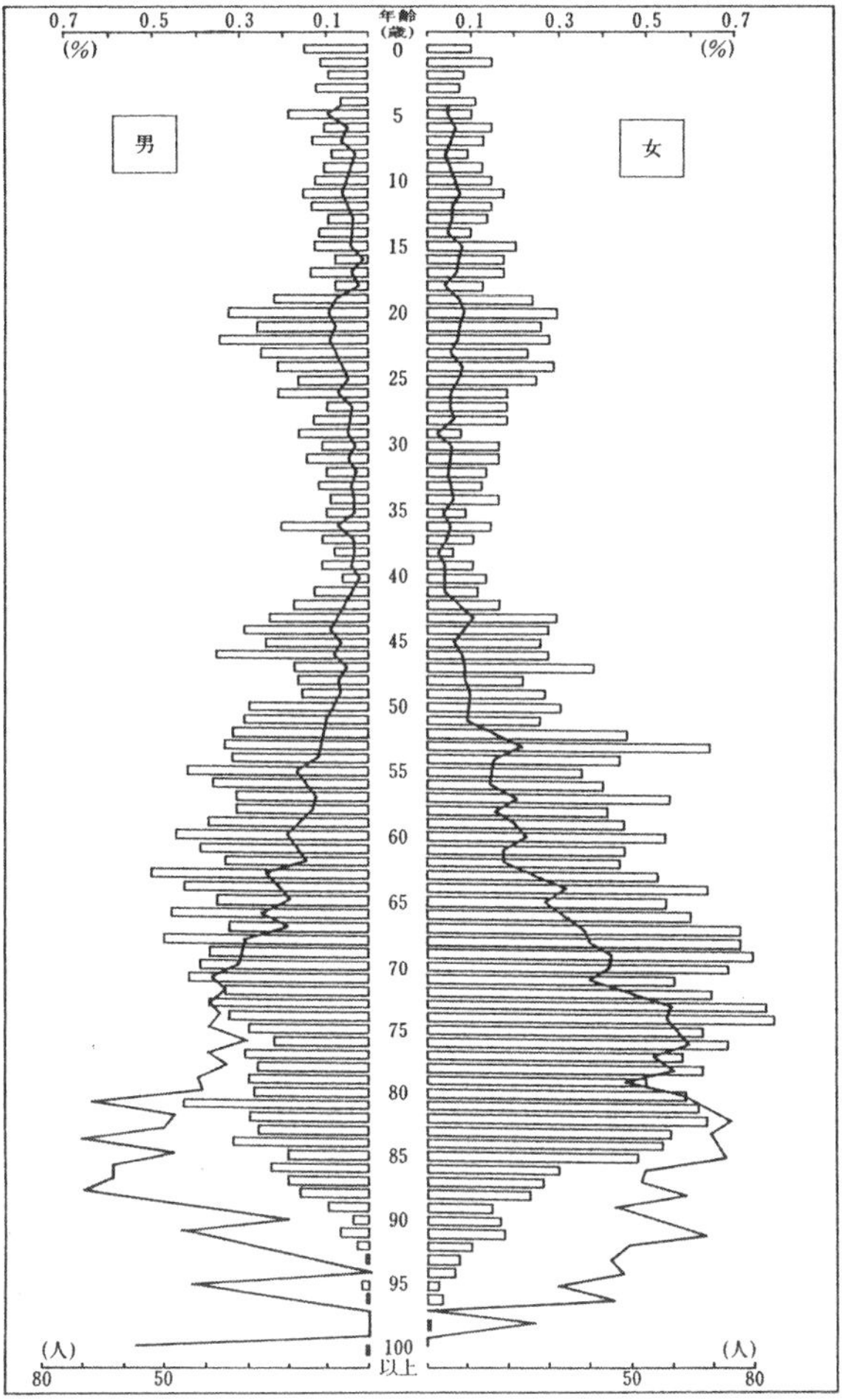

（注）県警などの発表をまとめた『毎日新聞』1995年3月6日付による。

で、神戸市民一般の死亡率（〇・二六％）の五倍弱であった。

■障がい者・被差別集落住民の犠牲

障がい者の犠牲も大きかった。車いすでは倒れた家から逃げられない、動けない。視覚障がい者の多くは鍼灸、あんまなどで生計をたてていた。住んでいた自宅や繁華街のこみいった道の奥の旧い木造の治療院が壊れて圧死したというケースがほとんどであった。

視覚障がい者は被災地での移動は困難であり、不慣れな場所と環境に置かれ、安全なところへの避難が難しい。聴覚障がい者は外から声をかけられても聞こえない。家中の家具が倒れた中を逃げようとしたが、自分も夫も聴覚障がいなのでお互いにコミュニケーションがとれない。玄関のドアが斜めに傾きドアが開かず、心配した近所の人が救け出してくれた。

しかし、避難所に行くにもどこへ行けばよいか、周囲の人に聞くにも手話が通じず、どうすればよいか判らない状態におかれた。火事がどこから迫っているかもわからず逃げようがなかった。災害発生時や避難所ではテレビ、ラジオ、電話、マイクでの連絡を通じての情報取得も困難で、その特徴は「情報障害」であり、大震災についての情報の氾濫も何らの情報にならなかった。

数百人で雑魚寝をしていた避難所の体育館などでは、障がい者、高齢者等は夜中に一人でトイレに行こうとすれば寝ている他の避難者にぶつかり睡眠を妨げる。そのため、夜間以後水分の補給を抑えていた人も少なくなく、様々の疾患の原因となった。

精神障がい者は生活保護受給者が多い（全国で三分の一、長田区では三分の二）。多くの精神障がい者は老朽アパートが崩壊し避難所へ避難したが、避難所からの入院者や夜間の入院が増大、避難所でのトラブルにより警察や消防が介入、精神病院へという例が少なくなかった。また仮設住宅ではそれまでの人間関係がばらばらになり症状が悪化する例が多く、特に子供の夜泣き、腹痛、無表情がふえた。

精神病院は六甲山系北側に分布し、被害は少なかったが、帰る家が失われたことから軽快しても退院できない例が増えた。通院患者の場合、地震によって症状が急激に悪化するなど、症状が通常の発現サイクルと異なり、同時多発する例が多数生じた。また、都心部の精神医療の地域拠点である診療所やクリニックは壊滅的打撃を受け、通院患者は薬の確保が困難となった。

被差別部落住民の被害も大きかった。神戸市の同和対策事業での住宅地区改良事業や小規模改良事業の指定範囲は小さく、指定地区以外の木造・老朽家屋はほぼ全滅し、地域は壊滅状態に追い込まれた。指定区域内でも残されていた老朽住宅や抜本的な補強・建て替えの必要があったにもかかわらず放置されていた既設の改良住宅が、大きな被害を受けた。灘区のある地区では地区全体の九〇％にあたる五一〇戸が全半壊、死者二〇人、五二〇世帯、一二四〇人が避難した（神戸市調査）。

犠牲者の多くは、日常の市場原理・自助努力・居住差別による低水準居住を強いられ、「人間らしく生きる居住の権利」を奪われていた。「震災被害」はその延長線上にあった。多くの犠牲者・被災者をつくりだした根本原因は、日本の住宅の脆弱性とそれを招いた住宅政策の貧困にあった、といわねばならない。

▩安全な家が防災の基本

今後、仮に地震予知技術がより発達して、地震発生直前に原発を止めたり、住民が高台や学校その他の避難所に逃げ込んで命が助かったとしても、家が倒壊したり焼失したり流失してしまえば戻れない。これまでの被災・避難状況を見れば明白である。地震予知・警告・伝達技術の発達、活断層周辺等での居住の禁止、防災都市計画等々も必要だが、何よりも災害に安全な住宅建築と居住地の形成によって、この国土に安心して住める状態にしなければならない。

住宅を市場原理にまかせていたのでは、それは困難である。欠陥住宅、欠陥マンション、耐震偽装住宅等々は、少しでも安価な住宅を手に入れようとするところから来ている。「居住政策」を、安全な住宅に住むことができ、生命と生活を守りうる社会保障政策＝「生存権保障」の一環に転換する必要がある。多くの犠牲者を出した大震災最大の教訓の一つであり、防災対策の中心課題である。

だが、阪神・淡路大震災直後の一九九五年八月に開かれた住宅宅地審議会は、「住宅政策のいっそうの市場原理化」を答申した。審議会委員には大学教授や被災地の貝原兵庫県知事、笹山神戸市長（いずれも当時）も入っていた。住宅の公的保障を主張すべき立場にある被災自治体の長として、失格・無責任であった（早川『災害と居住福祉』二〇〇一年、三五館、参照）。

■住民の予感

震災の予知や災害予測は専門家だけのものではない。住む主体である住民が日々の暮らしの中で予感していることであった。私は、ときどき見知らぬ方から手紙をいただく。次の一文は新宿に住む六十歳の女性からである。

現在、安心して住める部屋がなく、路頭に迷い、生きる勇気と希望を失っています。早く人生が終わればと思うときもございます。住居問題が安心できる環境であれば、病弱者のわたしも生きていけます。いま住んでいるアパートは窓のない六畳と三畳、台所、トイレ。家賃は六万円で一〇万円の収入では苦しい生活です。老朽化で二、三年借り手がなく空き家でした。湿気が強く、タタミはブカブカ。隣室の住人の行動は全部わかり、たばこの煙が部屋に入ってきます。部屋は暗く、一日中電気をつけています。床はすこし斜めで、歩くときしみ、平衡感覚のアンバランスでめまいがつづいています。頭痛、ぜんそく、神経痛の悪化に加え、昨年夏から住宅が原因の反応性うつ病にかかりました。地震がこわいです。

〝地震が怖い〟という彼女は、もろもろの病状をもたらしている現在の劣悪な住居の延長線上に、地震時の死を予感している。

震災で犠牲となった人たちは、一般に日常から健康をむしばむ老朽家屋や過密住宅地に住んでいる人が多く、いわば毎日一秒ずつ死んでいた。震災はそれを一挙に増幅して死に至らしめたといえる。考えてみれば、死は肉体的・精神的病いの先にある。日常、健康を蝕む住宅と居住環境の住人への影響は、地震時の危険を予告している、と受けとめねばなるまい。

このことについては、往診する医師や日常の業務として家庭を訪問し妊婦、新生児、乳幼児、高齢者、障がい者、その他の居住者の健康状態等をチェックする保健師の役割などが大きい。これらについて著者らは、保健医団体や保健師（候補）の協力のもとに、健康と住居の関係を調査してきた（早川・岡本祥浩『居住福祉の論理』一九九三年、東京大学出版会。早川他編『ケースブック・日本の居住貧困』二〇一一年、藤原書店）。後者は本書第Ⅱ部でも紹介し考察する。

住宅政策の形成は、こうした居住者自身の住居への感情や健康・福祉と住まいに関わる観察眼をもつ専門家たちの意見の上に立って検討・策定されるべきであろう。住む主体である住民の「住意識」の尊重抜きに住まいに関わる制度はつくられるべきでない。先の審議会メンバーはそういう意識・認識とはかけ離れた人たちで、政策を論議する視点を持ちえない、とみるべきである。

2 「住み続けること」の意義

東日本大震災をめぐる大きな問題の一つは、もとの町にもどれるかという不安、もどりたいという住民の希望にいかに応えていくか、という課題である。

■転居の弊害――コミュニティの意義

住居が生命や暮らしの安全性を守るには、安全な住居とともに居住継続の保障とコミュニティの維持が重要な要件である。転居が心身にあたえる影響は全世代にわたるが、居住期間がながく生活の地域社会への依存度・密着度が高い人々ほど弊害は大きい。だから転居は高齢者、子ども、主婦などに深刻な影響をあたえることがしばしばある。

以前、国立精神衛生研究所・加藤正明所長との対談の折に話されたことが記憶に残っている。

私たちの調査によると、住居の状態とストレスはきわめて密接な関係があります。高齢者の転居は〝引っ越しウツ病〟をひき起こしやすいが、自分が引っ越ししなくても〝近隣に急に家が建て込んだ〟〝環境が悪くなった〟など環境条件の急変がストレスに結びつきます。再開発や災害で周りの風景が変わったり親しい隣人や店などがなくなると同様の症状が現れます。

ところが、同じ変化があっても小学校の同級生や昔からの隣人がいる場合は一人暮らしになってもがんばっていけるが、来住者で支えのない人は持ち家でも老人ホームに行ってしまいます。

（早川編『住居は人権である』一九八〇年、文新社所収）

後に知りあうことになる国際長寿米国センター理事長のロバート・バトラー博士は老後の転居についてこう書いている。

老人を住み慣れた環境から追い立てることは、身体の危険を伴う。とくに突然の引っ越しは、老人の場合に病気と死亡の起爆剤になりかねない。全く新しい環境に慣れるのはストレスを伴い、それが疲労や気持ちの落ち込む原因になることもある。耳がよく聞こえなかったり、目がよく見えなかったり、体の平衡感覚が弱っていたり、またはぼけていたりした場合、慣れていない住居は危険である。老人はこのような潜在的な困難や問題を直感的に感じ、自分の住み慣れた家にできるだけ住んでいたいという希望として現れることがよくある。

（『老後はなぜ悲劇なのか？——アメリカの老人たちの生活』内藤耕二訳、一九九一年、メディカルフレンド社）

国連人権委員会は一九九三年／七号「強制立ち退きに関する決議」を日本政府を含めた五三カ国満場一致で採択した。

強制立ち退きなる行為は、人や集団を無理やりに家庭やコミュニティからつれ去ることによってホームレス状態を悪化させ、住居と生活条件を劣悪にするものであることを認識し、また強制立ち退きとホームレス問題は社会的な対立と不平等を先鋭化し、常に社会の中で最も貧しくまた社会的・環境的・政治的に最も不遇で弱い立場にある人々似対して影響するものであることを懸念し、強制立ち退きを防ぐ究極の法的責任は政府にあることを強調する。

■「ひとり暮らし裁判」原告たちのその後

一九七八年、福岡での「ひとり暮らし裁判」弁護団からの要請を受けて、七九年六月、私は生まれて初めて福岡地裁の法廷に立った。当時、公営住宅法は単身者の入居申込みを認めておらず、それは憲法二五条の生存権や公営住宅法の立法趣旨に反する、という訴えで、今にして思えば高齢社会の住宅政策の根幹的変革を求める訴訟であった。

原告には単身高齢者、身障者、病人が多かった。私は、西欧社会では公共住宅に単身者を入れない国は一つもないこと、住居の備えるべき条件、人にふさわしい住居に住むことは基本的人権であり、その保障は国家の責務であることなどを証言した。訴訟は結局、「床面積二九平方メートル以下の中古住宅にかぎり、高齢単身者の入居申込みを認める」ということで和解した（一人暮らし裁判の記録は、河野正輝・木梨芳繁・下山瑛二編著『住居の権利――ひとり暮し裁判の証言から』一九八一年、ドメス出版、参照）。

数年後、私は原告と弁護団を福岡に訪ね、法改正の結果を聞いた。きわめて批判的・否定的であった。

「二九平方メートル以下の中古の公営住宅などほとんどない。あっても、街から遠くはなれた場所です。貧しい見知らぬひとり暮らしの老人が移ってきて誰が救けてくれますか。ここなら、何かあれば近所の人が来てくれます」と、いままで同様の狭くて危険で家賃の高い民間アパートに住んでおられた。

■安心できない分譲マンション住まい

強制立ち退きにともなう深刻な事例を紹介しよう。建物はまだ頑丈で交通の便や環境がよく、高齢者の多い公共分譲住宅団地が地上げに遭った。前述の二〇〇二年区分所有法改正で居住者の五分の四が賛成すれば団地全体の建て替えが可能になり、当初は建て替えに反対する住民が多かったが、開発業者、建て替え組合、管理組合による一斉退去の強行で、超高齢夫婦などをのこして出て行くことを余儀なくされた。「団地ぐるみの地上げ」という凄まじい居住権侵害でもあった。

残留者は最高裁まで争ったが敗訴し、立ち退きを強制執行された。民間、公共を問わず「分譲アパート」は「持家」といえども終《つい》のすみかにならず、居住権は守れないことを実証した。政府の持家政策の欺瞞でもある。立地や環境のよい容積率に余裕のある分譲団地はこれからも狙われるだろう。

以下は強制立ち退きさせられた後のもと団地居住者が直面した諸疾患症状である。但し著者が知り得た事例で、全貌ではない。

A：女　七十歳代　退去後直ちに足骨折により入院

B：男　七十歳代　退去直後膝痛発症

C：女　七十歳代　退去後間もなく脳出血入院

D：女　七十歳代　退去後間もなく脳梗塞入院
E：女　六十歳代　退去後腰を悪くして入院
F：女　六十歳代　退去後精神不安のため心療内科通院
G：女　七十歳代　退去後腰痛の悪化入院
H：女　七十歳代　退去後脳梗塞入院、間もなく認知症的症状顕著
I：女　七十歳代　退去後極度の不安症状
J：男　七十歳代　退去時入院中死亡
K：男　四十歳代　退去約半年後うつ病による自殺
L：女　七十歳代　約一年後腰の圧迫骨折、約二年後に胃のがん細胞摘出手術入院
M：女　七十歳代　約一年後脳梗塞、狭心症で入院
N：女　八十歳代　約一年後、ストレス性心身不調のため入院
O：男　九十歳代　退去約一年後死亡
P：女　七十歳代　退去約一年後死亡
T：男　八十歳代　約一年半後認知症的症状顕著
U：女　八十歳代　約二年後胃がん細胞摘出手術、入院
V：男　六十歳代　約二年後不整脈による意識不明の発作

W：女　七十歳代　約二年後浴槽内で足がしびれ意識不明に、二二時間後救助、入院
X：男　八十歳代　約二年九カ月後転んで腰を痛める、入院
Y：男　六十歳代　約二年後軽度の認知症
Z：男　七十歳代　退去約三年後心筋梗塞の発作二回、入院

すべてが退去のせいとは言い切れぬかもしれない。だが、転居の影響は隠せない。

右のような転居に伴う影響の事例調査が、全国の公共賃貸住宅（テラスハウス、中層住宅）やマンションの建て替えなどで立ち退いていった人々について行われるなら、その弊害が説得力とインパクトをもって世に知らしめられるであろう。右のデータは、被害者への配慮から法廷には提出されなかった。

阪神・淡路大震災で行政による強制的仮設住宅住まい、その後の復興公営住宅などで住み慣れた地域から切り離された被災者の孤独死や、死に至らぬまでも直面している諸疾患は同じ災いと考えてよいであろう。

▩国連調査団の視察と報告

「阪神」では、仮設住宅の多くは六甲山中や人工島のポートアイランドにつくられ、高齢者から順番に抽選でバラバラに入居させられた。見慣れた風景、親しい隣人や商店、からだのことを

よく知っている医者等々、地域コミュニティから切りはなされた入居者の孤独死・自殺が続いた。転居による生活環境の急変、新しい住居の不慣れは転倒などの家庭内事故や寝たきり化、認知症を発症させ、死にむすびつくこともある。避難所や仮設住宅での孤独死は住み慣れた町から切り離されたことが最大の原因であった。震災被災者の居住復興にとって最重要事項である。

震災の年の九月、被災地を訪れた国連NGOハビタット連合調査団HIK（代表エンリケ・オルテイス・フロレス、本部メキシコ）は、仮設の住人に「軍隊に追われて来たのか」と質問、「自ら来た」という返答に驚愕し、住宅復興は被災した土地で行うのが原則と強調した（同調査団の報告書は、近畿弁護士会連合会編・発行、阿部浩己監訳『救済はいつの日か――豊かな国の居住権侵害』一九九六年、KKエピック。熊野勝之『奪われた「居住の権利」――阪神大震災と国際人権規約』一九九七年、明石書店、参照）。

そうした中で、遠い仮設住宅に入ることを拒み自分の土地に地代は要らないから仮設を建て、自分と他の人たちと一緒に住みたい、という申し出を行政は拒否した。私有地に建てると後で権利関係が錯綜するというのが主な理由であった。

■村を再現した旧山古志村の仮設住宅団地

新潟県山古志村は、二〇〇四年十月二十三日の中越地震で一瞬にして〝崩壊〟した。長島忠美村長（現衆議院議員）は全村避難を決断、長岡ニュータウンの仮設住宅に移った。五地区、一四集落、六九〇世帯、村民約二二〇〇人。一四の集落毎に仮設団地に入りコミュニティを維持し、一人の犠牲者も出さなかった。

当初は住民個々人がどこに避難しているのか分からない。それでバラバラに避難していた住民をバスを出して入れ替えし、集落単位にまとめることで避難所には元各集落の住民が戻ってきた。それ以後、避難所の運営はスムーズにいくようになった（旧山古志村職員・星野光夫氏の話。『住宅新報』二〇一一年五月三十一日）。

私は、一二集落、九二二人の住む陽光台仮設住宅団地を訪問した。道路ぎわに各集落の名前を記した看板が立っている。旧山古志村で行われていた月一回の集まりが以前と同じように続けられた。団地内に設けられた診療所の医師・看護師、保健師、簡易郵便局、床屋も山古志村当時の人のまま、駐在所員七人のうち一人は山古志村出身。小型トラックの巡回食品販売車も元の人がまわっていた。

こうして、仮設住宅は村の暮らしの再現となった。これらの対応は、阪神・淡路大震災の復興対策――見知らぬ僻地にバラバラに入居させられ、コミュニティを奪われ、孤独死や自殺に追い込まれた――を徹底して反面教師にした。

避難当初から「帰ろう山古志へ」と呼びかけた長島元村長は、震災直後の私たちの訪問の際、「山古志村が共有してきた生活、仕事、歴史、文化、景観を含めたなりわいのすべてが再建されてこそ、山古志の復興なんです。住空間だけでなく、大切に守ってきた心を感じる故郷にしたい」と語られたが、けだし名言である。これこそは集落単位で居住地を再建する意義であろう。

■廃校利用による避難対策と住宅への転換

二〇〇八年六月四日の宮城・岩手大地震で、岩手県一関市は死者一名、重軽傷者二名、全半壊なし、一部損壊三九戸に過ぎなかった。だが、土砂崩れで道路が寸断され、孤立集落が多数発生し、避難所、そして仮設住宅への避難を余儀なくされる状況が生まれた。ところが、集落住民の一部は生まれ育った土地を動きたくない、という。

一関市山谷《やまや》小学校は、明治六(一八七三)年三月民家を借りて創立されたながい歴史を持つ公立学校で、地域となじみが深い。昭和十一(一九三六)年七月現在地に校舎を新築、平成五(一九九三)年十月創立一二〇周年記念式を挙行した。平成十四(二〇〇二)年一月、へき地学校等級地一級に指定変更され、平成十六(二〇〇四)年三月小学校は児童数の減少に伴って廃校となった。それを契機に、市は校舎の一部を一関市厳美《げんび》公民館山谷分館として利用することにした。普通教室三室のうち二室は大広間、一室は調理室として改造、住民の利用に供してきた。

ところが大地震に直面して、この「一の原地区」の住民は地元を動きたくない、地域の中で住みたい、他の仮設住宅に行きたくない、という。行政はこれを聞き入れ、公民館利用以外の、廃教室のままになっていた同小学校の旧職員室、校長室、保健室、図書室、教材室、集会室を正味三日間の突貫工事で仮設住宅に改造し、震災後三週間目の六月二十五日、一〇世帯用の住居とした。さらに共同の台所、広々した浴室、脱衣室、洋式トイレ等を改造したり新設したりした。

その後、一関市内に復興公営住宅が新設され、ほとんどの避難者はそちらに移っていったが、二世帯だけはどうしてもこの小学校を出たくないという。それを聞き入れた市は、二世帯、各八人、三人の家族ためにそれぞれ独立した玄関を持つ「復興住宅」に改造した（**図表5**）。

この対応には恐らく阪神・淡路大震災に際しての避難所や復興住宅の経験が反面教師として生かされているのかと思われる。大都市と違い住民の少ない中山間地とはいえ、居住地を移動させない避難所、仮設住宅、復興住宅への敏速な対応は稀有の例といえるであろう。一関市の対応には感心せざるをえない。

▒居住継続をめぐる諸問題

住みつづけてきた土地に住みたい、避難する場合も親しい人たちと一緒に住みたい、というのは居住の基本的欲求で、最大限に実現すべき課題である。しかし移住を余儀なくされる場合もある。「東日本」では、地盤沈下、満潮時の浸水、津波被害再来予測、そして放射能汚染等々で、少なくとも当面再居住の困難な地域が多い。この場合、人々が希うコミュニティを維持しながら

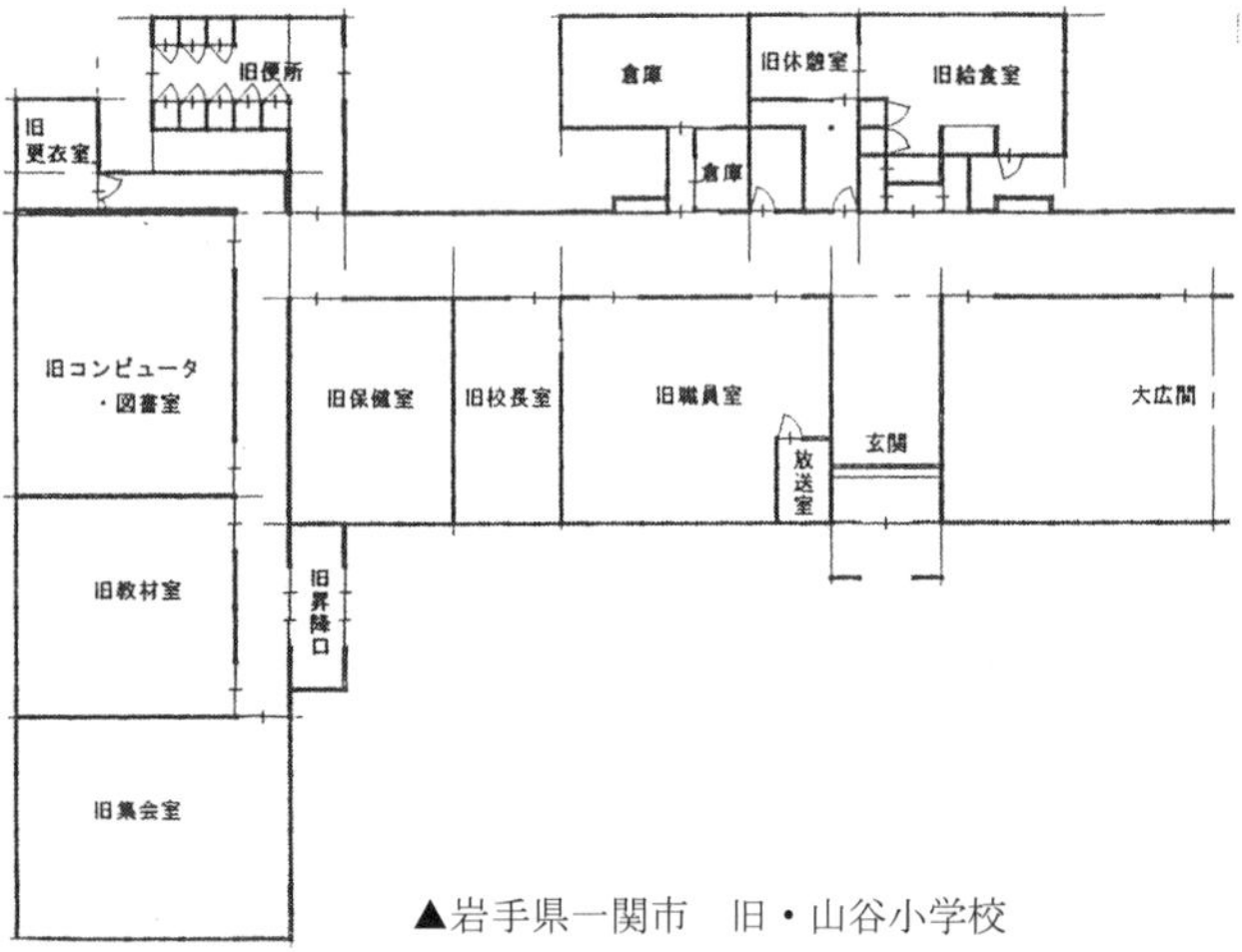

▲岩手県一関市　旧・山谷小学校

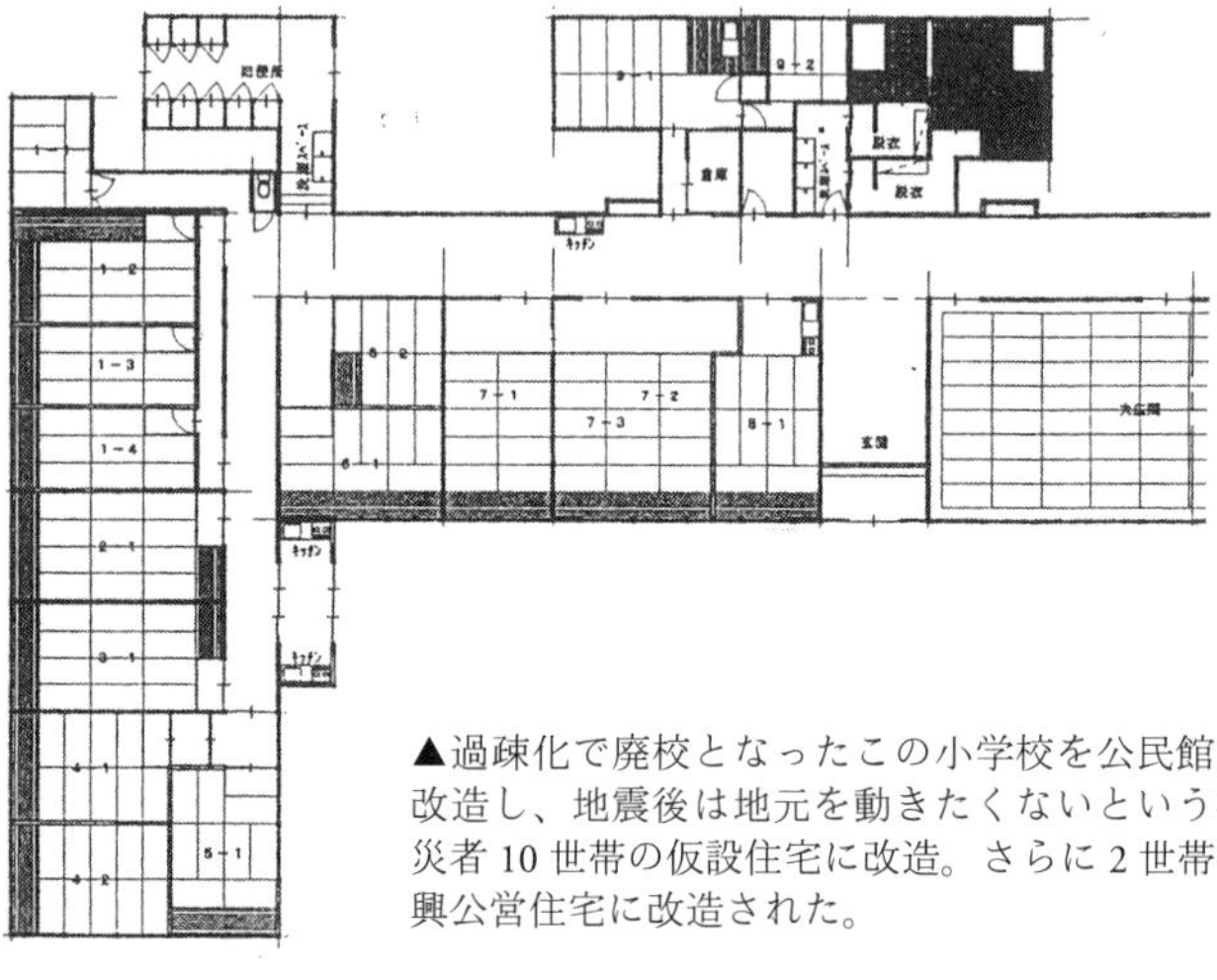

▲過疎化で廃校となったこの小学校を公民館に改造し、地震後は地元を動きたくないという被災者 10 世帯の仮設住宅に改造。さらに 2 世帯復興公営住宅に改造された。

図表 5　廃校を復興公営住宅に改造した一関市の事例

移住する方策を模索せねばなるまい。だがその過程ではさまざまの問題が発生する。

例えば、初期居住のもつ意味合いである。二〇〇〇年六月の三宅島噴火災害に際して、全島民一九三八世帯、三九七二人は都営住宅の空き家等に分散入居した。二〇〇一年二月十七日、日本居住福祉学会は東京新宿の常園寺で三宅島避難者と懇談会を持った。一〇人近く参加された島民の訴えは、都内一二〇数カ所にばらばらに住まわされ、島での隣人がいなくなり、仕事も無く、都営住宅にいつまで居られるかその保障もなく、島に帰れても住宅再建の公的援助のない現状で、日々苦しい生活を強いられている、というものであった。

私は、住宅都市整備公団（当時）等が、例えば多摩ニュータウンの空いた敷地に避難者向け低層住宅を早急に建て、元の集落の人たちが一緒に住めるようにしたらどうか、それこそが公的機関の社会的役割ではないかと提案し、会合に集まった人たちの共感を得た。参加していた朝日新聞論説委員は早速、社説でこの案を提唱した。

被災者の支援組織は、手分けして各避難者に打診した。ところが、避難者の反応は意外なものであった。「私たちはバラバラに住まわされて寂しい思いをしています。だけど、同じ都営の人たちは親切にしてくれるし、近くの商店とも顔馴染みになりました。いまさら移る気はありません。むろん島には帰りたいです」と。「住めば都」というが、一旦住むとそこが安住の地となる場合が少なくないのである。

前述の全村避難した山古志村住民の地震直後のアンケートでも、九割以上が「山古志に戻りたい」と答えていた。だが、仮設住宅の期限が過ぎた時点で村に戻った住民は約七割で、二〇一一年現在山古志に残る住民は震災前の半分に減っている（前掲、星野氏）。

最初にどこへ避難するかが大切なのである。「東日本」でも、留意すべき課題である。被災の多様な形態、被災住民と地域の性格等を考えると、急ぐこととは言え、対応には熟慮が必要である。

■集団移住の必要性と可能性

第二は、集団移住の可能性と方策である。

岩手県西和賀郡（旧）沢内村は冬季四メートルの豪雪地域で、貧困、多病多死の村であった。だが、老人医療費の無料化と村有林を活用した全家屋の建て替えで、高齢者の健康維持、乳児死亡率をゼロにし、「いのちを守った村」として有名になった。その中で、山間部の豪雪・過疎の長瀬野集落は日常生活の維持困難から、村ごと下山し、村有地に「新長瀬野集落」を形成した。

村ぐるみの移住を可能にしたのは村有地の活用であった。一部には現地にとどまる人もいたが、その後の移住等で初め三三戸だった集落は二〇一一年現在、五五戸に増えた。その意欲に満ちた村人の姿や集落は度々映画にもなった。二〇一一年十二月、移住四〇周年を迎える。

一方、例えば二〇〇〇年三月に起きた有珠山噴火による避難者は、伊達市五四七二人、虻田町九九三五人、壮瞥町四〇八人、という広範囲のものであった。二十世紀以降の主な噴火だけでも、一九一〇年、一九四四年、一九七七年、二〇〇〇年と二〇〜三〇年間隔で定期的に起きている。それもあって二〇〜三〇年後の再噴火の可能性を専門家が警告し、地元自治体は住民への告知や住居移転の啓発活動に取りくんだ（著者はその集会に招かれた）。

それに対し、再噴火被災予測地域の住民には様々の住まい事情がある。土地だけを持っている、家を持っているが土地は借地、アパート住まい、ペンションを経営している、病院や社会福祉施設などとともに住宅移転の必要な人たち。土地の売却困難や地価の値下がり、住宅ローン負債のままでは移れない、という人たち。他にも、地域への愛着、仕事との関係、移転は地域の衰退を招くと反対する温泉経営者、観光業者等々。

集団移住を困難にしている原因の根源には土地と住宅の私的所有がある、と私は考える。国が私有財産を補償し公的に住居を用意するのでなければ、移住の根本的解決は困難である。

それらは究極的には土地の公有化、土地利用や住宅所有の社会化を必要とする。

要するに人々の暮らしの場である居住地の集団移転には、数多くの課題が噴出する。近い将来、必ず起きる噴火への対応は移住しかないが、東日本大震災における津波など、性格の異なった他の災害再来予想地区での対応の仕方を考える上で参考になろう。

その後、虻田町では平成十三（二〇〇一）年度に、集団移転促進事業に関わる法律（昭和四十七年、自然災害が発生した地域のうち、住民の居住に適当でないと認められる区域内の住居の集団移転を促進する）によって、一五二戸、二六三名が移転した。うち一〇三戸、一九二名は公営住宅五団地に移転。移転費助成として持家九世帯には各七八万円、借家一四六世帯には二七〜二八万円。宅地約六万平米は平米当たり四七〇〇〜六〇〇〇円、畑四〇〇円、山林、原野八〇円等で買い取った。

洞爺湖温泉地区では、移転促進区域一九六戸三四七人のうち住家補償のあるもの六〇戸、一二一人（持家一四戸、一二一人。借家四六戸、八八人）。移転先は災害公営住宅三三戸、七三人、一般公営住宅一戸、二人、住宅新築八戸二〇人、民間借家二戸、二人、施設その他五戸、六人、町外転出一一戸、一八人等である。他に住家補償のない者公営住宅一二二戸、二〇九人、借家一二戸、二二四人であった（「北海道虻田町における防災集団移転促進事業について」二〇〇二年七月二十二日、有珠山火山活動災害復興対策室による）。

3　住宅と土地を公共財・社会的存在に

「阪神」の被災地を訪れた村山富市首相は、住宅再建の援助をもとめる被災者に対し、「私有財産である住宅の個人補償はできない」と拒否した。「防災学者」も〝災害復興は自助・共助・公助が原則〟とマスメディアで発言し続けた。メディアはそれらを垂れ流し、その是非を一切論じなかった。

肉親や仕事を失った人たちがどうして自力再建できるのか。地元テレビで初めてお会いした小田実さんからその夜電話があり、住宅再建の公的援助を求める「市民＝議員立法」運動の協力を求められ、一緒にとりくんだ。幸い、不十分ながらも「被災者生活再建支援法」として成立し、その後改正も行われたが、根本的には住宅と土地への基本認識の転換が必要であることは前述のとおりである。

■復旧のカギは住宅

例えば、二〇〇〇年十月の鳥取県西部地震に際して、当時の片山善博知事は被災地を訪れた感想をこう語っている。

> 復旧のキーワードは「住宅」と感じました。道路とか河川、橋が公共財として税金をつぎ込まれているが、住宅無しに地域は成立しない。住宅は基本的な公共財です。住宅を復興、復旧することこそが人間が生き、生活する上でいちばん基本で最大の仕事なのだと、直感し

ました。

そして、全壊三百万円、半壊一五〇万円の公的補助をわが国で初めて実現させた。そしてこうも述べられている。

住宅再建支援の発表を受けて、被災地にすごく元気が出てきました。それまで、これからどうなるのかと不安にかられていた被災者たちに、「行政がそこまでやってくれるんなら、自分たちもさあこれから頑張ろうじゃないか」という勇気が湧いてきたのです。現地でメンタルケアをしていた精神科医からは「住宅再建支援のメッセージを発したことが最大のメンタルケアでした」と言われた。

（片山善博『住むことは生きること――鳥取県西部地震と住宅再建支援』日本居住福祉学会編・居住福祉ブックレットNo.11、二〇〇六年、東信堂）

デンマークの思想家キルケゴールは「絶望は死に至る病である」と言っているが、片山知事の決断はその逆を行く「希望は生きる意欲を呼び起こす」ものであった。

東日本大震災は、住居がいかに生存、暮らしの基盤として大切なものであるかを、改めて全面的・本質的に明らかにした。地震で家を失い津波で家を流された人たち、放射能汚染で居住不能に陥った被災者にとって、住居の喪失は生存の基盤を奪われたことを意味する。

住むところがなければ、今まで受けていた社会保障や福祉サービスも、満足に機能しない。子どもの教育も困難である。近年の「貧困」「格差」の論議はもっぱらフロー（金銭、雇用等）の側面からで、住居やコミュニティといったストックの存在意義には関心がはらわれていない。

■土地公有化の必然性

憲法が掲げる生存権としての居住の保障は、住宅の社会的保障とそれを可能にする土地公有化しかない、と私は考える。多くの西欧諸国が健康的で福祉の基盤となる住宅の供給、環境のよい居住地を計画的に形成し、国民の居住保障を可能にしてきたのも、土地公有化が基礎にあった。

これに倣い、わが国でも住宅政策と土地所有制度社会化への根本的改革にとりくむべきである。かつて、司馬遼太郎さんは、乱開発を許し地価を暴騰させ、日本の国を壊していく根源に土地問題があるとし、土地の公有化を主張しておられた。作家の直感だったのであろう（『日本人と土地』）。

また、政府が個人資産である土地と住宅に税金は使えない、公的利用も困難と言い張るのであれば、住居を社会資産として位置づけることで、被災地が現在直面している様々な課題――土地の公共的利用、修理や再建の公費負担、災害時の民家の避難所利用、仮設に入らず半壊の個人宅に居住する人々の家屋の修理を補助したり、友人の家に身を寄せたり、個人宅で共同生活を続ける被災者を援助するなどの対処に愁眉をひらくことができる。

民間賃貸住宅への超低利融資も必要である。災害の場合、仮設住宅も必要だが、建設と撤去に五百万円前後を要し原則二年しか利用できないとされる仮設住宅よりも、民家の利用は被災者の暮らしを守り資金の使い方としても有効である。

▒社会保障制度審議会の勧告

住居を公共の責任、社会保障の一環として実現するという発想は、政府関係機関にまったくなかったわけでない。

たとえば昭和三十七（一九六二）年八月二十二日、総理府社会保障制度審議会（大内兵衛会長）は「社会保障制度の総合調整に関する基本方策についての答申および社会保障制度の推進に関する勧告」を池田勇人内閣総理大臣に提出した。

わが国の住宅難は国民全体の問題である。これに対する国の施策が不十分であるうえ、近年の産業構造の変革、人口の過度な都市集中などがこの問題をいよいよ深刻にしている。とくに国の住宅政策は比較的収入の多い人の住宅に力を入れているので、自己の負担によって住宅をもつことができず、公営住宅を頼りにするほかない所得階層のものはその利益にあずからない。これでは社会保障にならない。住宅建設は公営住宅を中心とし、負担能力の乏しい所得階層のための低家賃住宅に重点をおくよう改めるべきである。（傍点筆者）

ここには、住宅保障は社会保障政策という認識がある。

もしこの勧告に従って住宅政策が展開されておれば、国民の居住状態は少しはよくなり、貧困の抑制、災害の防止にもつながっていただろうと思われる。実際はこれとは正反対の方向に進んだ。

類似の勧告は、平成七（一九九五）年七月四日の「社会保障制度審議会」（会長隅谷三喜男）による「社会保障制度の再構築――安心して暮らせる二十一世紀の社会を目指して」（村山富市内閣総理大臣に提出）でも行われた。

我が国の住宅は社会における豊かな生活を送るためのものとしては余りにもその水準が低く、これが高齢者や障害者などに対する社会福祉や医療の負担を重くしている一つの要因である。（中略）在宅福祉を重視する政策が今後進められなければならないが、その受け皿となる「住み慣れた家」の安全性や快適性、福祉用具の利用可能性が改めて問われている。（同右）

▩住居は社会的存在

ここで改めて住居の性格について考えてみよう。テレビやカメラ、衣服その他の個人的消費財と違って、住居は個々の家族が所有したり使用する場合でも、「社会的存在」である。生命の安全や社会の調和は、安心して暮らす条件だが、個々の住居の状態は個人・家族はもとより社会に影響をあたえる。

住宅構造が劣悪で、居住地が過密・不衛生で、町が汚く騒音や排気ガスなどの危険に満ち、地域が荒廃し、住民のコミュニティ意識が稀薄で、自然もないといった居住環境のもとでは、生まれ出てきた子どもは健康で心ゆたかな人間に育つことが妨げられる。おとなも子どもも不健康で、いつもイライラして心の安らぎがえられない。高齢者は静かでゆったりした老後を送ることはできない。個人、家族、社会の健康と調和は得られない。肉体的・精神的な病人をつくらない居住環境は、市民社会の基盤である。

産業革命の母国、英国では、地方から大都市への労働者の集中によって、通風の悪い、上下水道もない不良・不衛生住宅が密集し、コレラ等の伝染病が蔓延した。これに対し、十九世紀中葉から公衆衛生法という名の都市計画・住宅政策が展開された。

資本主義社会においても、住宅とその基盤である土地は他の商品のように自由財としてではなく、建築、利用の上で一定の制限を受けるのは社会的必然となった。

住居を社会的存在、公共の資産と位置付ける制度は、すでに日本の法律の中にも生かされている。例えば建築基準法は、自分の土地に自分の金で家を建てるのに、家屋の構造から敷地の利用方法にまで、沢山の条件をつけ規制している。そうしなければ、居住者当人にとってだけでなく隣家や町全体に影響をあたえる。安全性、日照、延焼防止、周辺環境との調和、衛生、美観等々が損なわれる。

建築基準法第一条は、「この法律は、建築物の敷地、構造、設備及び用途に関する最低の基準を定めて、国民の生命、健康及び財産の保護を図り、もって公共の福祉の増進に資することを目的とする」と述べている。住宅は、居住者の生命、健康とともに公共の福祉への影響が大きいから、国家として公的介入するのである。決して個人の資産だけではないという認識である。

つまり、住居は個々人、家族が使う個別の存在であるが、住居が零細、危険、不良、過密、不衛生の状態であれば、その集団は社会的存在として様々の影響を個人、社会に与える。不良・密集住宅の集団は、伝染病・火災の発生源、犯罪の温床、子どもの発達障害・非行、コミュニティの喪失、全体としての社会の荒廃等々として個人にもどってくるのである。日本社会はいまそういう状態になりつつある。

中国の孔子の言葉には、ことがらの本質を言い表したものが少なくない。

欲明明徳於天下者先治其国欲治其国者先斎其家
――道徳のある理想社会を築くには、国をまず治めること、
国を治めるには、家をまず良くすること――
（孔子『大学章句』）

■東日本大震災と宅建業

東日本大震災における宅建業（宅地建物取引業協会）の「見なし仮設住宅」供給のとりくみは、宅建業者の社会的役割を示している。

「東日本」では、「阪神」と違って、私有地での仮設住宅建設を認めているが、既存の民間賃貸住宅を仮設住宅として扱う「見なし仮設」の制度が大きな役割を果たしている。自分で見つけてきた「民賃」を市役所に申請すれば仮設と見なされ、二年間家賃が補助される。新聞は「〝見なし仮設〟に希望殺到　プレハブ辞退相次ぐ」などと報じた（『朝日新聞』二〇一一年四月三十日）（**図表6**）。

例えば、仙台市の二〇一一年九月十六日現在のプレハブ仮設住宅建設戸数は一五〇五戸で、入居者は一三三七世帯、公務員・社宅等六五五戸に四四九世帯入居。それに対し、「見なし仮設住宅」入居者は八三〇八世帯である。その理由はいくつかある。第一は、住宅の広さはプレハブ仮設が1DK（一人用、約二〇平米）～3DK（四人以上、約四〇平米）に対し、民賃の場合、部屋の

2011年(平成23年)4月30日 土曜日 朝日

みなし仮設に希望殺到

民間住宅に国・県が家賃

震災で自宅を失った避難者が自前で民間の賃貸住宅に入る例が相次ぎ、岩手、宮城、福島の3県は「みなし仮設住宅」として、国とともに家賃を負担することを決めた。被災者救済のための政策転換だが、民間賃貸には希望者が殺到。自治体が確保を急ぐ仮設住宅への入居を辞退する動きも出ている。

「仮設入居申し込みのキャンセル、できますか?」。仙台市若林区の会社員木所正道さん(37)は27日、仙台市役所を訪れた。この日、市は「みなし仮設」の入居申し込みを開始。早速行列ができ、待ち時間は1時間にも及んだ。

木所さんの築5年の自宅は津波で流され、妻と避難所で暮らす。市が用意したJR社宅への入居をいったんは申し込んだが、自宅から6キロ離れており、通勤には不便。

「住みたい所に住めるので、賃貸がいい」

災害救助法で定める「仮設住宅」は、①プレハブ②自治体が借り上げた民営住宅の2種類。家賃無料で提供された公営住宅も仮設住宅になる。しかし賃貸を自ら契約した場合、仮設住宅とはみなされなかった。

仮設の確保を急ぐ宮城県は、県宅建協会などと結んだ協定に基づき、震災直後の3月14日に民間住宅の斡旋《あっせん》を頼んだが、敷金・礼金の支払いなど契約の調整に手間取り、物件が出そろったのは今月上旬だった。

その間、経済的に苦しくても賃貸住宅を契約する被災者が相次いだ。家賃6万1千円の2DKのアパートを借りた仙台市若林区のパートの女性(55)は「高齢者の母がいて避難所暮らしは難しかった」と話す。

不公平を避けるため宮城県は22日、被災者が独自に結んだ賃貸契約を県との契約に切り替えることを決めた。これなら仮設住宅とみなされ、最長2年、国と県が家賃を負担できる。岩手県も同じ対策を市町村に通知。福島県も追随した。

プレハブ辞退相次ぐ

しかし、この政策転換が思わぬ波紋を広げた。

5月3日からプレハブ仮設102戸の入居が始まる宮城県名取市では28日までに14戸の入居者が辞退。約950戸を建てる予定だったが、誤算が生じている。

「初めから『民間のストックを利用するよ』と宣言していただければ、無駄な仮設の投資をせずに済んだかもしれない」。佐々木一十郎市長は26日の県市長会で、不満をぶつけた。

仙台、名取両市では民間住宅の供給が多く、県の政策転換で「わざわざ仮設に引っ越す方々はいなくなる」(佐々木市長)。仮設や賃貸物件の不足が深刻な石巻市などとは対照的だ。

ただ、県宅建協会などは賃貸物件約2600戸を被災者向けに押さえたが、仙台市中心部の物件が多く、沿岸部は不十分。みなし仮設が被災者救済にどの程度役立つか、はっきりしない。

(南日慶子)

図表6 『朝日新聞』2011年4月30日付

図表7　宮城県の見なし仮設住宅（民賃）借上契約条件（契約期間2年）

契約条件1（公費負担）

①賃料　下表のとおり　②敷金　賃料の1か月分
③礼金　賃料の1か月分　④仲介手数料　賃料の0.525月分
⑤共益費・管理費（共有部分）　⑥火災保険等損害保険料

〈民間賃貸住宅借り上げの上限額〉

入居世帯人数	標準的な間取り	月額賃料上限
1人（単身）	1K	52,000
	1DK	62,000
2人	1DK	62,000
	2K	65,000
	1LDK・2DK	68,000
	2LDK	88,000
3人	1LDK・2DK	68,000
	2LDK	88,000
4人以上	2LDK	88,000
	3K・3DK	77,000
	3LDK	89,000

契約条件2（公費負担）

以下の付帯設備は、入居前に家主の方に準備していただき、後日その実費を宮城県に請求していただきます。

- ガスコンロ（グリル付き）
- 給湯設備
- カーテン（全居室）
- 照明器具（全居室）
- エアコン（後付けでも可）

広さと家賃補助額の上限は**図表7**の通りである。単身用の1DKから四人以上の3LDK（八〇平方米でもよい）まで、比較的大きな住宅が家族構成に応じ約五万二〇〇〇円から八万九〇〇〇円の家賃を全額公費負担で二年間借りることができる。また、民賃の場合、プレハブ仮設と同じ設備水準――エアコン、照明器具、給湯器、コンロ、カーテンが二〇万円の範囲内で市の負担で行われる。

プレハブ仮設は、大家族には二戸の壁を取り外して使用される場合もあるというが、他にも問題が多い。場所が街から離れていて、買い物、通学、病院そのほかで生活が不便なこと、ボランティア団体がプレハブ仮設の近くにマーケットを設けたり、住棟の間に透明の屋根をかけグループホームのコモンルームのような役割を持たせているのは一つの改善だが、限界がある。

「民賃」は一般に日常生活の可能な地域（生活圏）に建っている。そうでなければ、借りる人は少ない。また、民賃は自分で選べる、土地のことをよく知っていたり、知り合いのいる町であること、子供から主婦、勤労者、高齢者まで、家族の様々の生活上のニーズ、居住地への要求があり、画一的でない。それが、住まいが〝生き暮らす〟ことの基盤である所以である。それを無視し、山の中や人工島に大量の画一的住宅に被災者を閉じ込めた「阪神」での対応がどのような事態を引き起こしたか、再び触れる必要はないであろう。「見なし仮設住宅」の選択は、人が生きる上での「住むこと」の本質を改めて明らかにしてくれている。

二〇〇八年十月現在、わが国の総世帯数は四九九七万三〇〇〇、それに対し住宅は五七八五万六〇〇〇戸ある。約七六〇万戸が空き家である。これを東北三県について見ると、宮城県は八七万一九〇〇世帯、一〇一万三九〇〇戸、福島県七〇万二〇〇〇世帯、八〇万八二〇〇戸、岩手県四七万二五〇〇世帯、五四万九五〇〇戸。三県の合計二〇四万六四〇〇世帯、二三七万一六〇〇戸。住宅の方が三二万五二〇〇戸多い（総務庁『住宅統計調査』）。

その中には老朽家屋や今回の震災で消失したり放射能汚染で居住不能になった住宅も多数あるだろうが、「見なし仮設」のように民間賃貸住宅の家賃補助制度が日常的に行われていたならば、仮設住宅としての空き家利用はより積極的な役割を果たし得たであろう。

震災対応の中で被災者が求めていることを政策的視点から推察すれば、キーワードは「住宅の社会的活用」「住宅使用の社会化」である。

■阪神大震災での借り上げ住宅退去問題

「見なし仮設住宅」に問題がないわけでない。神戸市は、復興住宅が足りないことから、都市再生機構（ＵＲ）、公社、民間から借り上げた。借り上げ住宅は一〇七団地、三八〇五戸である。二〇一六～二〇年度に二〇年契約の返還期間を順次迎えることから、二〇一〇年末「住民説明会」を開き、あるいは個別交渉などをつうじて入居者の住み替えを要請している。返還後も住み続けると現在の公営住宅と同水準の家賃が民間なみになることから、多くの入居者は転居を余儀なくされている。こうした借り上げ住宅などを含めた市営復興住宅の管理戸数は一万五八三戸、六十五歳以上の高齢化率は五〇・七％、高齢単身率四四・〇％で、市営住宅全体の管理戸数五万四六二一戸の高齢化率三七・七％、高齢単身率三〇・五％と比べても高齢者が多い（二〇一一年一月三十一日現在）。居住者の不安が広がり、住民団体や支援団体の反対運動が起きている。

兵庫県はＵＲから借り上げた神戸、尼崎、西宮、明石市内の三八団地の住宅に二一九五世帯が入居している。県は二〇一一年十月、住み替えの意向調査をし、一六一四世帯から回答を得た。それによると、住み替え可能性について四七％が「困難」と答えた。理由（複数回答）は、病気や体調不良四四％、病院・施設へのアクセス一八％、高齢のため一五％、障害者七％など（『神戸新聞』二〇一〇年十二月二十二日）。兵庫県と宝塚市は借り上げ住宅の「買い取り」を表明している。

これらの現象は、東日本の「借り上げ仮設住宅」、あるいは次に予想される「借り上げ復興住宅」においても生じる可能性のある問題で、配慮されるべき事柄である。

まちで暮らす地域で支える

障害をもつ人たちの「脱施設」も、良質の住居が保障されなければ実現困難である。政府の対応は遅れているが、真剣に取り組んでいる施設や支援している自治体もある。

図表 8　伊達市地域生活支援住宅数と入居者数

居住形態		戸　数	人　数
グループホーム・ケアホーム	宿直支援型	34	211
	通勤支援型	26	142
民間下宿		2	3
単身者（共同生活住居を除く）		49	54
結婚世帯（共同生活住居を除く）		12	31
家族同居			86
その他			9
宿泊型自立訓練事業	旭寮	1	16
	生活実習	1	4
合　計		125戸	556人

（2011年4月1日現在）

図表 9　伊達市地域生活支援住居の一部（⌂が支援センターの地域住居）

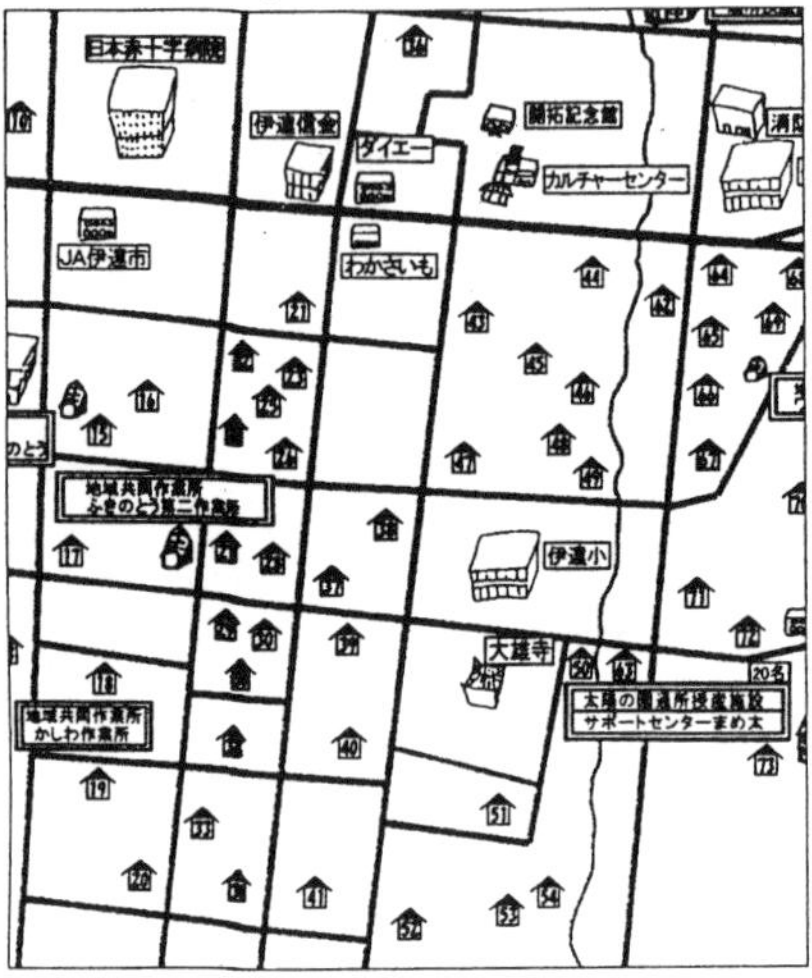

北海道伊達市は全国に先駆けて一九六八年、「道立太陽の園」という定員四百人の大規模精神薄弱者総合援護施設を設立した。だが、七三年、「障害のある人も町の中の普通の家に住み、仕事を持ち、地域に溶け込んで暮らせるように」（小林繁市所長）、伊達市地域生活支援センターが設立された。

グループホームやアパート一二三戸に四四一人が住み**（図表8）**、家族同居者を含めた五〇一人は働き、一七一人は一般企業に雇用されている。まち全体が障がい者と共に存在し地域生活と暮らしを支える、先駆的とりくみである。

私は、同支援センターを四、五回訪問し、地域と住居を見せて頂いた。

北海道の家は一般にしっかりつくられている。窓はすべて二重ガラス。雪、風、気温など気候がきびしいからである。どの家も一般の民家とまざっていて、案内されなければ支援センターの地域住居とわかるものは一軒もない**（図表9）**。約二〇人の地域支援スタッフと百人以上の地域の世話人がいて、食事の提供、健康の把握、金銭管理、住宅の維持、相談ごと、買い物、通院支援など日常生活を支えている。

さて、このような障がい者の地域居住を支える民家はどのようにして確保できたのか。

民間住宅の入手は不動産屋を通じてが一般的という。当初、グループホームのうち二九カ所は伊達市長が家主と直接契約した。二〇〇六年四月からは、法人の北海道社会福祉事業団が事業者となり、小林所長が契約者となった。また、アパートの契約は本人だが、小林所長が連帯保証人になっている。いずれの場合も公的な保証人のいることが安心して貸してくれる背景と考えられる。

これまで政府や自治体は福祉施設建築という箱ものつくりに熱心で、生活の基盤である居住保障には不熱心であった。また、一般に高齢者や障がい者に、不動産業者は家を貸したがらない。しかし、首長が保証人になるなら不動産業者も安心して賃貸契約をむすぶ。多額の予算を必要とする箱もの福祉施設建設の前に首長が保証人になる覚悟の有無が、住居確保の鍵になる。伊達市地域生活支援センターの活動は、新しい福祉行政のありかたを示す一つのよい例である。

いわば居住資源の社会化・福祉化である。

▩不動産・住宅産業から居住福祉産業へ

二〇一一年六月下旬、私は宮城県宅地建物取引業協会を仙台に訪ね、「見なし仮設住宅」への住宅を仲介している宅建業者の対応や借家人の需要動向について話を伺った。

民間賃貸住宅への問い合せは多いが、車椅子（障がい者）対応住宅、ファミリー向けの住宅の少ないことが問題、ということであった。民間賃貸住宅が一般的な社会的ニーズに応じるには、住宅の耐震化や広さ、普段からの障がい者対応の住宅建設、立地そして収入に応じた家賃補助等の制度が必要である。借家人組合や住居要求団体は家賃手当ての制度を求めているが、住宅自体が良質のものである必要がある。

政府、自治体、民間団体、個人が普段からそのような姿勢で広義の住宅社会化にとりくんでおれば、今回の借り上げ仮設のような課題にもスムーズに対応できたであろう。敷地の確保が困難で仮設の建設が間に合わず、避難所等の劣悪な居住環境に悩まされる、といったことも防げたであろう。

現在の住宅事情を見れば、圧倒的に数の少ない公共住宅供給を増やすことは社会の要請である。多くの低所得層はそれによって救われている。同時に不動産業、住宅産業等の社会化という課題に立ち向かうことで、各種住宅ニーズの課題に応え、かつ業界の新たな展開にもつながろう。

住宅供給の面で民間企業が社会的に活動するのは望ましいことである。東日本大震災での宅建業界の役割を見れば、いよいよその感を深くする。

不動産・住宅産業は、生活の基盤をつくり経済に貢献しているというのに、社会的に正当に評価されているとは言い難い。住宅産業界が社会政策の一環としてその実践にとりくめば、日本人の居住状態改善に貢献するであろうし、企業経営としても今日のような閉塞状態から脱し、社会貢献が拡大するであろう。

私は近年、「住宅産業・不動産業の社会化——住宅産業から居住福祉産業へ」を提唱し、日本居住福祉学会・住宅産業協会・住宅再生フォーラムの共催による「住宅円卓会議」を、二〇一〇年五月と十月東京で、二〇一一年五月には大阪で開催した。毎回住宅・不動産企業関係者百人以上が参加し、すでに各不動産会社がとりくんでいる社会事業の報告をしている（報告の内容等については『居住福祉研究12』二〇一一年十一月、東信堂。『住宅新報』二〇一〇年十月十二日、二〇一一年五月十一日号等参照）。

それを本格的にすすめるには、超低利の資金を大量に、諸々の条件のもとに融資すべきである。土地については、公有地の活用もあり得る。様々の内需拡大をつうじて日本経済活性化にも寄与しよう。だが、そうした課題に応えるにはいくつかの社会的合意が必要である。基本的な条件をあげるなら、次のようにいえよう。

①土地投機による利潤追求を行わない（西欧諸国は土地投機を禁止している）。

②既成住宅地を地上げし住民を立ち退かせる再開発などの、住民の生活基盤を損なう事業を行わない。居住者の暮らしを守る立場に立つ。

③居住の質向上に寄与する住宅、居住地、環境形成の技術・経営方式を競い合い高める（十九世紀初頭、英国におけるE・ハワードの田園都市経営は住宅協同組合による利益の社会還元を原則の一つにした）。

④社会保障政策とむすびついた住宅供給のありかたを、政府・自治体に先行して模索する。

⑤そうした「社会的住宅産業＝居住福祉産業」を可能にする企業努力に努める。
⑥政治家による、不動産業界の利潤拡大のための政策と引き換えに政治献金を要求する体質を改めさせる。

こうして、不動産・住宅産業の社会貢献の可能性が生まれてくる。零細乱開発住宅や欠陥住宅や耐震偽装住宅や災害虚弱住宅が生まれない条件でもある。わが国はあまりにも、不動産・住宅産業の有する社会的意義への認識や理念の確立や、それを可能にする政策と法整備が怠られてきた。その結果、国民の多くは零細、遠距離、ローン負担の持家政策に翻弄され、ただ企業の供給する住宅を購入する住意識に埋没させられてきた。住宅・不動産企業の経営も景気の好・不況に極端に左右され、あるいは景気調節の手段に使われてきた。

これからは、国家も住宅産業界も消費者もともに、真に生活を保障し豊かにする住居や居住政策のあり方を追求しなければならない。それが、この業界の改革と発展のキーワードであり、今はそのチャンスである。

スウェーデンの住宅地開発コンペに立ち会ったことがある。土地は自治体が提供し、低利で貸す。そのために政府・自治体は先買い権の制度で普段から公有地をふやしている。デベロッパーはコンペで、環境、居住性、デザイン、景観、予算計画等々を競う。土地で儲けることはないが、みんな生き生きとして参加し活動し、社会の尊敬を集めている。

■住宅産業は社会的運動団体

「住宅円卓会議」主催者の一人、「住宅再生フォーラム」代表の鈴木静雄（株）リブラン会長は次のように述べている。このようなリーダーが不動産・住宅産業界に現れたことは大いに評価すべきである。

東日本大震災の復興の推進力が加速する前に、戦後の復興をふり返る必要がある。その経済優先の代償として、壊してはならない大切なものを確実に失った。今回の復興では、過去と同じ失敗をしてはならないと考える。復旧復興を急ぎ過ぎた余り、政治や行政、経済や社会、家庭にまで様々な歪みが起きた、戦後の疑問を国民全体で共有するときなのではないか。いまこそ、戦後の日本を総括し、最初から組み立て直す機会ととらえ、日本の在り方を改めて問い直すべきときだ。

不動産・住宅産業も同じで、戦後大量生産を続け、「景気産業化」し、住宅と人間・社会との関係性に横たわる本質的思想が欠如されたまま放置された。これが、現代の様々な社会問題の一因になっている。今、日本全国の地域行政が中長期計画に掲げている課題と方針は、住宅産業が大半を破壊したにも関わらず、住宅とは無関係だと放置してきた社会問題でもある、と自省すべきだ。

　子供たちの生きる力が欠如し、体力や健康に不安があると言われている。都市への集中化による子育てや高齢者に向かない住環境や家族の絆を見失いがちな核家族の蔓延。地域コミュニティと個人の関係性が弱く、個人の存在価値が感じられない社会。地域や文化の伝統も消えつつある。気候風土を無視し、土地の容積率消化を優先し、居住性を妥協する人間軽視の集合住宅の大量生産――

　住宅産業の本質は「住宅」という物体には存在せず、これらの問題との深い因果関係の中に厳然とある。それを真正面から見つめ、今こそ住宅産業のあり方が大きく変わるときと覚悟を決めるときだ。

　埼玉県は全国に先駆け、二〇〇一年一月に住宅セーフティネット法に基づき、子育て、外国人、障がい者、高齢者、低所得者など住宅確保要配慮者等の住居支援を目的とし、「埼玉県住まい安心ネットワーク」を県下の市町村と不動産業界と連携して立ち上げた。この一連の動きは、戦後の不動産業や住宅産業の従来型の考え方に終わりを告げていると理解すべきで、新たに「住宅（居住）福祉産業」を目指す必要がある。

　居住福祉のスタンスに立ってみると、いま日本には大量のシェルターあれど住居はなく、戦後の焼け野原と何ら変わりなく、思い改め勇気をもって景気産業化した不動産業から、「居住福祉改造計画」の推進を行うときだ。

住宅産業とは、同時に社会的運動体でなければ、よき住宅、よき地域は作れない。日本再生のため、誇り高きわが天寿をまっとうしたい。

(『住宅新報』二〇〇一年五月十一日)

4　旧西ドイツ、フランスの戦後の社会住宅政策

ここで、社会住宅の先輩、旧西ドイツ(以下西独)とフランスの戦後の住宅政策を眺めてみよう。住宅産業社会化の参考になる。

■旧西ドイツの社会住宅

西独の戦後復興は住宅建設から始まった。住宅政策の柱は「社会住宅」とよばれる公的助成住宅、「住宅手当」および「財形制度」であった。住宅手当は家賃の支払能力をたかめる、財形制度は持家取得を容易にする大幅な援助制度、社会住宅は高齢者、障がい者、中低所得層などへの住宅供給を主眼としている。ここでは、社会住宅について述べる。

企業、団体、個人などが住宅経営を希望すると、政府は自治体をつうじ無利子一〇〇年返済で必要資金の半額以上を貸す。のこりは貯蓄銀行、抵当銀行などから低利で借りる。自己資金を使

うばあい、配当は四％に制限される。建設された住宅の「原価家賃」が決められた額（たとえば一九八〇年のケルン市の場合、一平方メートル当り五・四五マルク）をこえると、政府は平方メートル当り一・八マルクを補助する。家賃が入居者の収入の二〇％を越えると、その部分をまた市が補助する。

住宅面積は五〇〜一三〇平方メートル（内法面積）で家族の人数と対応し、二人世帯用は寝室と居間、三人用は二寝室と居間、四人用は三寝室と居間、それ以上の世帯では一人につき一寝室ふえる。ほかに食堂、浴室、便所と副室。こうした住居基準は西欧諸国すべてに共通している。つまり、家族構成に応じた広さと収入に応じた住居費負担を保障する。入居希望者は新聞広告で見つけるばあいもあるが、大抵は家主、借家希望者ともに市役所に登録する。

社会住宅の供給団体は住宅企業が九割を占め、その四分の三は自治体などが出資する公益住宅企業である。歯医者、弁護士、建築家、企業家、労組、個人などで資金運用として社会住宅を経営する人も多い。短期的には大きな利益があがらないが、長期的には有利な投資だという。

私はアーヘン（工科大学）に四カ月ほど滞在中、市内のGWOG（ゲーヴォーゲー）という住宅企業を訪ねた。この企業の株はアーヘン市が六〇％、市立貯蓄銀行が二五％、民間会社が一五％持ち、市の助役が重役に入っていた。労働組合が経営主体となっているばあいもある。有名なのはハンブルクに本部をもつノイエ・ハイマートで、一九八〇年現在三二万戸の賃貸住宅を保有し、一〇万戸の分譲住宅を供給した。

アーヘン市内で個人で社会住宅を経営する七十歳すぎの女性を訪ねた。五階建て六戸の二階に自ら住み、五階には娘夫婦、三、四階の四戸を貸している。一階はガレージなど。「建築のとき政府の補助がないかわりに家賃を自由にできる自由家賃住宅と、社会住宅のどちらにするか迷いました。でも社会住宅にしてよかったと思います。借家人をさがす苦労もありません。家賃の支払いも市によって保障されています」。

戦後しばらくのあいだ毎年建設される住宅の六割から七割は社会住宅で、建設戸数と住宅建設全体に占める割合は、一九五〇年二五万五〇〇〇戸（六八・五%）、六〇年二六万三〇〇〇戸（同四五・八%）、七〇年一三万七〇〇〇戸（二八・七%）、八〇年九万七〇〇〇戸（二五・〇%）、八九年六万八〇〇〇戸（二八・六%）。一九八七年現在、住宅総戸数の二〇・二%（約五二三万戸、借家一六%、持家四%）を占め、ハンブルク、ベルリンなどの大都市では借家の社会住宅は住宅全体の三五%、三八%である。

土地は自分で用意したり、自治体の保有地を利用する。西独では土地の長期保有は公的機関だけが許される。自治体は、価格コントロールを含んだ土地の先買権を行使して公有地をふやす。アデナウアー元首相はケルン市長時代、片っ端から土地を購入し公有地をふやした。条件の悪い土地を安く買い、一〇年後に住宅用地として指定し、公益住宅企業のために利用することもある。

土地利用については自治体が絶対的権限をもっている。企業が市へ土地を寄付するケースも多い。こういう土地は必ず公共用地として使う。その後、都市計画法制は一九八六年「建設法典」に統合のさい価格制限つき先買権はひきつがれなかったが、これらの何十年、何百年も前から所有する土地がいまも大量に存在し、それが都市計画の基礎をなしている。

一九七七年現在、西独の人口百万人以上の都市では、市域の土地の平均四六％を市が保有している。そして厳しい土地利用規制と、建物の各階の用途まで規定できる「地区詳細計画」が住民の参加と合意のもとにつくられ、それが都市の居住空間を保障し美しい街並みをつくっている。

■ドイツ借家人同盟の活躍

こうして、全体として住宅事情がよくなる一方で、政権によって社会住宅の位置付けは変わっていく。一九五〇年に新築社会住宅の八二％を占めた借家は八〇年には四一％に減り、建設費の値あがりで家賃も上昇する。住宅政策の力点が住宅改造中心に移ったことも家賃上昇に作用している。古い住宅は設備が悪いが家賃が安い。これを修復するさいにも政府は援助しているが、それでも家賃が上がる。都心部から郊外への人口の流出がつづき、借家人の保護や都心部での住宅の用途転換を禁止する法律もつくられた。都心から住宅がなくなれば住宅不足は解消せず、コミュニティが消える。

住宅問題が基本的に解決されたといわれる西独で、きわめて強力な借家人の権利をまもる組織が活躍している。家賃の値上げ、立ち退き請求、建て替え等々、借家人の居住権が脅かされる事態が発生したとき、全国に二五〇以上ある借家人組合にかけこむと、弁護団が援けてくれる。その借家人組合の連合体がドイツ借家人同盟（DMB）である。事務所でもらった説明書にはこうある。

借家人同盟は強力な組織で、百万人以上の会員がいる、借家人の強力な弁護士です。政治のなかで住宅や家賃が問題になると強力な力を発揮します。借家人同盟の使命は、法律や規則がつくられるさいに借家人の権利がひき下げられないようにすることで、労働組合、消費者組合、政治家、ジャーナリスト、学識経験者、その他の社会組織の人たちも加わっています。西独には一九八七年現在、五三七万（全体の六〇・七％）の借家世帯があり、借家人は多数派です。しかし、この多数派は組織されてこそ意味をもちます。

また、住生活は有害な環境から解放されねばなりません。西独のような法治国家では、国家は国民の住宅要求をカバーできるようにする責任をもっています。国家の法的、経済的条件のもとで健康で安心できる居住を保証すべきです。

借家人組合は国家に対して中立であり、公的援助は受けていません。政党とも一切かかわりがありません。

こういう西独の人たちの住まいへの認識とそれに向かってのとり組みが、今日の西独の住居と街をつくったのだろう、と想う。

▒「社会的市場経済」は「経済民主主義」

西独の住宅政策の原理は、

①プライベートに住宅を取得させる。国家と企業がそれを援助する。

②住宅手当を支給し、住宅取得能力を高める。

③連邦政府と州は間接的に住宅の建築主に資金を出し、家賃を下げる援助をする。

の三点にあるといってよい。自由主義経済の原理を最大限に尊重し生かしつつ、各種の公的介入と援助を加えて市場原理の欠陥をカバーしようとする。それによって個人、一般企業、金融機関、労働組合、教会、自治体などの資金を住宅役資に向かわせることに成功した。そして無利子百年返済という非市場原理にもとづく資金を提供し、住宅経営者の利益を保障しつつ低家賃の貸家、低価格の分譲住宅供給の可能性をひらいた。それに住宅手当が加わる。

政府の大幅な援助による社会住宅で住宅問題を解決し、財形制度で資産形成の公平化をはかり、州と自治体の権限による都市計画で生活環境ストックを充実し、国民の生活と社会をゆたかにしていこうとするねらいである。西ドイツをみていると、これが経済を発展させる意義なのだと考えさせられる。その後、制度は変わっていくが、つくられた良質の住宅ストックが社会と国民生活を支える居住環境ストックとなっている。

■フランスの社会住宅――HLM（一％住宅拠出金制度）

歴史的な経過を経て、一九五三年、ピエール・クーラン建設大臣によって本格的な土地・住宅政策が始まった。「土地政策なしに建設政策はありえない」という彼の考えから土地収容法など公権力による土地所有者への介入、郵便貯金の活用、建設業の組織化、パリ郊外の建物の分散の必要性などがとりくまれた。

クーランは「企業が住宅のために給料の〇・五％を払い込む義務を制度化すること」を提案し、議論の末、法案は議会で支持された。一九五三年八月、一〇人以上の給与所得者のいる企業（国、地方公共団体、公益法人、農業企業を除く）に対し、前年に支払った総給料の一％を住宅建設資金としてＨＬＭ（適正家賃住宅公団）に提供することを義務化した。住宅資金に占める一％拠出金の割合は決して高くないが、一九八〇年の四・三％から八六年には五・八％へとのびた。拠出金は一九八六年以降は〇・七七％になった。

ＨＬＭ住宅は、中低所得階層住宅の大部分を占めている。一九八六年現在、ＨＬＭ賃貸住宅は約三百万戸で、フランスの賃貸住宅総数のうち三分の一を占め、分譲が二百万戸で合計五百万戸。両方で住宅全体の二五％を占める。八〇年代には五年間で九〇万戸、一年間で一四万戸以上建ち低家賃住宅は六万戸から七万戸を占める。

フランス政府刊行の「社会住宅の一〇年」（一九八八年）によると、一九七八年から八七年の一〇間にフランスで供給された賃貸住宅の九四％はＨＬＭによるものであった。持家建設は民間が六一・八％、ＨＬＭは三八・二％。

家族の多い家庭、少ない家庭、子どものいない家庭、老人、孤独な人、青少年等々は同じ住宅や環境を求めるわけでない。それでＨＬＭは分譲より借家を多く建設し要求の多様化に対応したという。収入が入居時の基準を超えても出ていく必要はない。だからパリ市内のふるいＨＬＭ住宅には中間層が大勢住んでいる。

▒だれでもつくれるＨＬＭ

それではＨＬＭとはどんな組織か。その建設・供給組織としての性格と特徴は、

①二人以上集まるとだれでもＨＬＭをつくれる

②全体として社会運動の一環として存在する

ということにある。車の修理工でも事業主になれる。各団体、企業もＨＬＭをもっている。個人、さまざまな団体、企業等が低利融資をうけて公共的な性格の住宅をつくる。この方式は、住宅を建てたり経営しようとする人たちにとって、とりわけ景気の悪いとき、政府から融資を受けることができて有利である。借入金を返せないばあいは、政府が肩代りする。土地は市町村の所有地を無料で貸す。私有地の上に建てる場合は、資金面で援助する。こうした小から大までの組織の集合体がＨＬＭである。その数は全国で一〇八〇、約六万人が従事している（一九八六年）。

ＨＬＭは三つの種類にわけられる。

第一のグループは村・県・組合・地方財団など公共企業体で二九三。役員はボランティアが多く、報酬は一切うけとらない。

第二のグループは株式会社、生産者協同組合、信託会社で六四一。株は個人、財団、商工会議所、家族手当基金、定期預金、家族協会、身体障がい者の会などが保有している。ここでもＨＬＭの規則に従い利益はあげられない。公的な機関の許可なしに株は売れない。個人はすべてボランティアで参加。

第三のグループは地方組織で、ＨＬＭと同じ規約にもとづいて、建設、区画整理のほか、家を持ちたい個人に低利で金を貸すなど、地方分権の一環としてコーディネーターの役割を果たしている。

住宅を建てよう、賃貸住宅をつくろう、という個人や団体の情熱がＨＬＭを発展させる原動力になっている。住宅政策にたいする政府の対応もそれによって変わる。だからＨＬＭ組織の人たちも政府も、この住宅供給組織をつねに「ＨＬＭ運動」と呼ぶ。全体としてそれは「ソーシャル・リフォーム（社会改革）運動の一環である」とも説明する。さらに、こうしたやり方は政府の行政権限にともなう官僚主義の危険や企業優先に歯止めをかけることができるという。

▩土地利用の権限は市町村に

住宅建設に必要な土地に関する権限は、一九五三年の土地法から紆余曲折をへたうえ、一九八三年一月七日の法律ですべて市町村に移行された。中央集権国家フランスの地方分権化を進める大胆なとりくみであった。

国が有している権限は、沿岸地帯・山地の整備、歴史的遺産（建造物、自然）の保護、住宅に関する融資、また既存の法律に適合しているかどうかをチェックすることだけである。市町村は土地を計画的に利用し、不動産税を徴収し、必要な土地を取得するために土地の先買権、土地の収用権など土地に関する権限をすべてもつことになった。

私がインタビューした建設省のモーリス・プコプツアさんは言う。

これまで市町村の都市整備にかんする調査や計画の権限は国家に属し、最終の決定も国家にゆだねられていました。この法律で、土地利用計画の権限はすべて市町村に移行しました。これによって、都市の発達をコントロールする、自然と既存の風景を保護する、各土地所有者の権限を制限する、敷地の用途、高さ、建ぺい率を定めることなどすべてが市町村の権限となりました。その結果、自治体の決定に住民の意見が反映され、両者のあいだのずれやくいちがいはなくなりました。

また、市町村は都市化地区、これから都市化しようとする地区、および先買権を行使して買いあげようと思う地区を決定する権限を有する。そして居住にかんする社会政策の実行に関連のある公有地の拡大、社会住宅の建設、建物の修復、街の再開発、緑地の造成などについて土地の先買権を行使できる。

たとえばこれらの地域内で土地を売ろうとするばあい、土地所有者は売買の計画、取引金額を市町村に届けねばならない。市町村長は提示された金額と同じかもしくはそれ以下の金額で買収することができる。売買が成立しないばあいは、土地収用にかんする審査委員会が新たな金額を定める。土地所有者はこれを受けいれてもよいし、拒否することもできる。しかし拒否したばあいは、これ以降土地を売る権利をなくす。市町村長もさだめられた金額が高すぎると判断し買収をやめることもできる。このばあい、所有者はその値段で自由に売ることができる。

この制度ができてから、不動産所有者が勝手に処分することが規制され、取引価格を市町村がコントロールでき、地価と不動産価格の上昇が抑えられるようになった。市町村長は徐々に土地や建物を購入し、公共施設・緑地の整備、住宅建設、古い地区の改造、土地の保有などをすすめることができるようになった。その影響は指定地区をこえて全域におよぶ効果をあげている。

ＨＬＭ組織による住宅供給は社会改革運動の一環である、と認識されているから、住居にたいする住民の要求運動が高揚すれば、ＨＬＭ運動も活性化する。それがＨＬＭの発展にはずみをつける。

▒住宅政策は公平化を演じるもの

フランスの住宅政策でつねに話題となるのは「公平社会の実現」である。経済の成長は公平社会の実現に必要な条件であるが、自動的に財産の不公平をなくすものでない。フランスでは一九五〇～七五年に経済成長を遂げたが、地価の上昇、インフレーションで不公平はかえって助長した。とりわけ年配の不動産を持たない人々を犠牲にしてすすんだ、という反省が住宅関係者の間で強い。不公平の内容は三つある。

一つは不動産の価格が上昇することによって格差を大きくする。

二つめは新たな不動産取得は暮しの楽な人に有利で、つつましい生活をしている庶民にとってはいよいよ困難になる。

三つめはその結果、住生活の質に大きな格差ができる。

住宅政策は、このような不公平化を解消するうえで重要な役目を演じるものであり、住居の質の確保に貢献しなければならない、とわたしの会ったＨＬＭ運動関係者は考えている。一九八一年に選出されたミッテラン大統領は、四月の住宅展示会でこう弁じた。「フランス人の住宅は私の政権下の最大の関心事になろう。私には、住宅は消費財とは思えない。それは人間の基本的権利である。一人一人のフランス人は、一戸建てか共同住宅か、持家か借家か、市街地内か郊外か、を問わずそれらの住宅を自由に選ぶ手段をもつべきである。これを実現するために、私はＨＬＭ運動をたよりにし、それを強化するための新しい法案を提出するであろう」と。

以上は戦後から一九八〇年代にかけての旧西ドイツ、フランスの社会住宅政策、及び市民・借家人組合・労組・企業等々の居住運動の紹介である。詳細は、早川『人は住むためにいかに闘ってきたか』(東信堂)を参照されたい。ここにはアメリカ、イギリスのとりくみも紹介されている。

5 住まいは「生きる根拠地」

■「安居」と「楽業」は車の両輪

安居楽業、長養子孫、天下晏然
——安心して住み、仕事が楽しく、子育てに専念できれば、国と世界は平和になる——
（『後漢書・仲長統傳』）

年末、神戸市役所そばの「東遊園地」で野宿者の給食サービスや生活相談にのっている「神戸の冬を支える会」の活動に参加した。小さなテントの中で私も野宿者の話を聞かせてもらった。

Fさん（四十七歳）は、阪神・淡路大震災まで店員やガードマンをしていた。地震で下町の兵庫区のアパートが全壊し、兄の家に一年半ほど居候した後、県営住宅に入った。都心の三宮から地下鉄で三〇分ほどの郊外の地下鉄駅からさらにバスで二〇分程走った山の中にある。一人暮らしのFさんは「〝島流し〟にあってるみたい」と言う。

私は自分の人生をやり直したいのです。どこでもよいから働きたい。だが、日雇いに行こうにも朝五時にはバスも電車もない。街なかの民間アパートの一室でもよい、便利な場所だったら働けるが、民間借家の家賃は高くて払えません。公営住宅間の移動も認めてもらえません。

Nさんも西区の山の中の復興公営住宅に住んでいた。しかし、「仕事を得るために簡易宿泊所（ドヤ）暮らしを続けているうちに、家族とは疎遠になり、別れました。今は路上生活です」。住居は単なるネグラではない。仕事に通い労働の疲れを癒し家族と暮らす、生きる根拠地である。復興公営住宅が大量に建ったのはよいが、住居は労働の基盤という認識が行政に稀薄であった。そのために目に見えにくい様々な歪みが生じ、被災者の生活再建を阻んでいる。「安居楽業」は生きるための車の両輪なのである。

▒仮設・復興住宅に「労働」の場を

地域密着の暮らしを必要とするのは農林漁業など一次産業従事者も同じである。生産労働の現場からはなれたら、農林漁業者は生きがいを失い、暮らしていけない。中越大地震で全村避難した旧山古志村の仮設住宅の横には家庭菜園、少しはなれて農園があり、スイカ、メロン、トマト、キュウリ、ナス、カボチャなどが栽培され、仮設居住者の農作業の継続と引きこもり防止を可能にした。

私は、六甲山中の復興公営住宅の管理人に提案した。「集会所などを利用して、お年寄りも可能な軽作業ができないか。部屋から出てきて顔を合わせ安否確認になる、お喋りをするので元気になる、友達ができる。弁当を出して、一日三時間ほどでよいから作業してもらう。わずかでよいから賃金を払う。費用は自治体が企業に呼びかけて社会貢献してもらう。そういう企業はたくさんある筈だ」。管理人は、公営住宅の集会所をそういうことに使うことは禁じられている、また少しでも賃金を払うということになると「最低賃金」の決まりがある、などなどと融通のきかないことを言った。

中国・大連の有料老人ホームを訪ねたとき驚いた。施設の中で入居者が働いているのである。受付と訪問客が来たときの案内は、あとで歳を聞いてびっくりしたのだが、七十九歳の女性。背筋がしゃんとしていて、とてもそんな歳に見えない。郵便物などを配る仕事は七十歳の女性。地下の厨房に行くと高齢の聾の男性が野菜を刻んでいた。元料理人で、ここが一番気に入っていて、一日中居るのだという。働くと賃金がもらえたり、入所料金が割り引きされる。

ケアする者とされる者を分けるのは西欧的福祉の発想で、中国では異なった道を歩んでいた。労働は人間の能力を引き出し、生き甲斐をつくる、人間発達の基本である。障がい者などが働く共同作業所も、人として働く権利の保障である。被災者といえども、働く（何らかの作業に関与する）権利が保障されるのが好ましい。それが生きる証しであり、元気をとりもどす一つの鍵であろう。被災地においてもそれは変わらない。そういう意味では、社会一般に「高齢者共同作業所」があってもよい。

■給与住宅の禁止・住宅の社会的供給を勧告したＩＬＯ

「派遣切り」など、会社を解雇され仕事と住居を同時に失う事態がふえているのも、住居が社会的に供給・保障されていない日本の住宅事情、住宅政策の一現象を示している。

一九六一年、ＩＬＯ（国際労働機関）第四五回総会は、「労働者住宅にかんする勧告」を採択し、労働者の拘束的役割を果たす「使用者による住宅の供給」の禁止と社会的責任による住宅供給を満場一致で採択した。

だが、日本政府も企業も姿勢を変えなかった。明治時代の繊維労働者（女工）のほとんどは寄宿舎に入り、女工哀史の舞台となった。戦時中は軍需生産、戦後は炭鉱労働者を中心に大企業によって給与住宅が供給された。その後もわが国では、個別企業による給与住宅制度がながくつづき、一九五五年には住宅全体の八・〇％を占めた。

一九五五年に設立された日本住宅公団の住宅建設は、当初年間約三万戸、そのうち一万戸ほどは特定分譲住宅という給与住宅であった。住宅金融公庫の産業労働者住宅、厚生年金融資住宅など、企業の住宅援助の姿勢は続いた。政府の持ち家政策と企業の合理化のもとで給与住宅と呼ばれる社宅や官舎は徐々に減っていくのだが（一九八八年は四・一％）、社会的に住宅を充実させることはなかった。そのつけが今まわってきている。以下に同勧告の一部「給与住宅の禁止と社会的住宅保障の必要性」を紹介する。

Ⅰ　使用者は、労働者の労働に対する支払いとして宿泊施設や環境的サービスを供給することを禁じるか、あるいは労働者の利益を保障する限度においてのみ認められるべきである。企業の位置が通常の人口の中心部から遠くにあるというような特殊な環境を除いて、使用者が彼の労働者に直接に住宅を供給することは一般的に望ましくないことを認識すべきである。使用者は、彼らの労働者のために、使用者の企業と関係のない公共的または民間機関が公正な方法で住宅を供給することの重要性についての認識を深めるべきである。

住宅が使用者によって供給される場合には、

A：労働者の基本的な人権、特に団結の自由が認められること

B：雇用契約の終了による、それらの住宅の賃貸もしくは占有契約の終了については、国内法と慣行が十分に尊重されなければならない。

Ⅱ　住宅建設と雇用の安定

国家の住宅建設計画は、不況の時期において、住宅及び付帯施設の建設速度を速めるのを

認めるように作成されるべきである。
建設産業における季節的失業を減らすために、政府、使用者及び労働者の機関によって、適当な方法がとられるべきである。

Ⅲ 一般労働者の住宅建設は一貫して国家財政でうらづけられるべきである。
労働者住宅の建設は社会的責任であり、その供給は社会的に行われねばならないから、国家投資のうえで高度の優先権を与えること、政府の財政、物質的資源の両面で重要である。

現在の日本での「安居楽業」の同時喪失は、住宅の社会的保障の欠落、国際諸条約等の無視に起因している。つまり世界人宣言や国際人権規約や国連人間居住会議、ＩＬＯ勧告、そして日本国憲法の生存権保障等々の無視に溯る。西欧と比較した公共住宅の圧倒的少なさはその一例である。ヨーロッパ諸国で公的・社会的性格の住宅が一五％を下まわる国は少ない。日本は約六％である。

3　「居住民主主義」が復興の鍵

1　居住者主権と「住む能力の発展」

一九九六年六月、私も参加したトルコ・イスタンブールでの第二回国連人間居住会議（ハビタットⅡ）は世界八十余カ国の領袖の参加のもとに〝居住は基本的人権、その実現は政府の義務〟という「住宅人権宣言」を採択した。その中で、住みやすい居住空間の形成には「住む主体である居住者の『住む能力の発展』"Capacity Building"が必要」という考えを提起した。そして、「住む能力の発展」は、住む主体である居住者が居住政策の策定に参加することによって可能になる。

そして、〝住む能力を発展させること〟〝居住者の居住政策策定への参加〟も「居住の権利である」と宣言文に書いた。

日本では、あらゆる局面で市民の参加による市民自身の「住む能力を発展させる権利」が奪われている、と言える。それが、被災者の救済に逆行するばかりか、全体として被災地の復興を阻んでいる。

■住む能力を発展させる権利

例えば、繰り返し書いているように、阪神・淡路大震災での復興計画が被災者の救済に役立たず、避難所から僻地の仮設住宅、さらに復興公営住宅への移住の過程で被災者が再びばらばらにさせられ、孤独死など多くの犠牲を出し、震災一六年後の今なおそれが続いている。それは、復興の主権者であるべき被災者・市民が各種の復興委員会、居住政策策定から全く排除されていたことが最大の原因である、と私は考えている。

被災者の復興への願いを抑圧し、住民を立ち退かせる再開発や土地区画整理の強行、神戸空港建設の是非をめぐる住民投票条例を求める三十数万人の署名を押し切っての空港建設等はその象徴である。神戸市の開いた仮設住宅居住者との会合で、一人の被災者が都心から二時間近くもかかる山の中には住めない、と発言したところ、行政の委員を務める大学助教授は〝私は毎朝車で一時間以上かけて職場に通っている。なぜ貴方は同じことができないのか〃と発言。むちゃくちゃなことを言うと、被災者は怒っていた。

住民不在、行政主体から居住者主権の復興計画への転換こそは、人権を守り回復させる基本である。

■住む主権者としての住む能力発展の意義

現在の市場原理中心の住宅政策の今一つの問題は、住宅政策を「家を持つこと」に矮小化してしまったことである。どのような家や町や村や居住環境が子どもの成長や高齢者の福祉や人間の幸せにつながるのかといった想像力と創造力、つまりは人間発達を支える居住空間を主体的に構想する動機も能力も摘みとってしまった。居住のあり方の追求など念頭にあがりようもなかった。

前出の片山善博氏は、住宅は自己責任、甲斐性の問題という考えに「政治家、政策担当者などが自らマインドコントロールされている」と言う（前掲書）。〃私有財産である住宅の個人保障はできない〃という村山元首相も自分で物事を考えることを放棄し、マインドコントロールの呪縛に埋没していた、というべきであろう。

それゆえ、従来の住宅行政において、コミュニティが暮らしにとって必要な、ときには広さや設備以上に重要な要素であること、その形成には居住の継続を可能にする住宅政策が必要といった発想が登場する余地は無かった。だからまた、被災者を居住地から離れた仮設住宅に移すことに自治体は抵抗を感じないばかりか、それを平気で強行した。前述のハビタット・国際連合体は仮設住宅への移住を「警察か軍隊に強制されたのか」という質問と同時に、なぜ元の居住地近くに仮設住宅が建つまで居座り続けなかったのか、というのが彼らの意見であった。

要するに、生活は住宅という箱だけでなく、目に見えないコミュニティなど生活空間総体の存在状態と関わっている。住みやすい居住地づくりは行政や企業のイニシアティブでは実現せず、居住者が主体になりあるいは居住政策策定の中心となることによってはじめて可能になるということであり、それが「居住の権利」の本質であろう。

こうした住民による街づくりや居住環境形成は全国各地で様々の形で行われている。かつて、新潟県巻《まき》町や岐阜県御嵩《みたけ》町の住民は、原子力発電所や産業廃棄物処理施設ができるとどのような影響を自然や地域社会にあたえるかを勉強し、受け入れに対する判断を下した。神戸市須磨区の土地区画整理に当たって、住民は幹線道路が通れば防災どころか不断に居住環境破壊を受け、災害時にも危険であることを検証して反対した（『災害と居住福祉』）。

これらはすべてハビタットのいう「住む能力の発展」であり、「居住の権利」を支えるものといえる。「居住の権利運動」は、被災地を住み良くする原動力である。だが、東日本被災地の復興にさいして、このような住民主権の視点は行政や専門家に欠落している。

市民主体のまちづくりや復興計画を「居住民主主義」とよぶならば、真の復興は「居住民主主義」によって可能になるといえよう。そして、その基礎にあるのは、私たち自身の権利意識である。

2 居住の権利意識の醸成

■居住の権利意識が稀薄な日本人

災害復興は誰が復興計画をたてるかによって左右される。その点で、阪神・淡路大震災と後述する玄界島とは対極にあった。前者では、国、兵庫県、神戸市など全てのレベルの復興委員会に被災者代表またはその代弁者が入っていなかった（例外はあった）。そのことが、山の中などの仮設・復興公営住宅等で孤独死、自殺が続く大きな原因になり、震災後一六年経た二〇一一年現在も多くの市民が街に戻れず孤独死を続けている背景であることは既に述べた。彼らは「住む」とはどういうことかを全く認識せず、被災者の思いを知ろうとせず、戸数合わせや制度の機械的適用に終始した。

だがより重要なことは、わが国の政府・国民には一般に居住を権利として受け止める感覚の稀薄なことである。

十九世紀ドイツの法哲学者R・イェーリングはこういう。

権利のための闘争は、権利者の自分自身に対する義務である。

健全な権利感覚は、劣悪な権利しか認められない状態に長い間耐えられるものではなく、鈍化し、萎縮し、ゆがめられてしまう。

外国から敬意を払われ、国内的に安定した国たらんとする国家にとって、国民の権利感覚にも増して貴重な、保護すべき宝はない。国民の権利感覚のかん養を図ることは、国民に対する政治教育の最高の、最も重要な課題の一つなのである。国民各個人の健全で力強い権利感覚は、国家にとって、自己の力の最も豊かな源泉であり、対内的・対外的存立の最も確実な保障物である。

（『権利のための闘争』村上淳一訳、岩波文庫）

日本人の人権意識は一般に高いとはいえないが、居住の権利への意識は突出して稀薄である。その背景には、政府にも自治体にも市民の住むことの重要性への認識の向上や権利意識を国家の宝と考えない、権利感覚を養うどころかむしろ邪魔物扱いにし抑圧する、行政の姿勢がある。

政府や自治体がこういう認識であれば、市民の権利感覚を養うどころか、摘み取ってしまう。それが行政主権のまちづくりにさほど大きな疑問を抱かなくさせることにもなる。洋の東西を問わずいつの時代でも、翼賛市民となることはみずからの命と人間として権利を投げ捨てることというべきであろう。

アメリカの独立戦争に貢献したトーマス・ペインは、戦争のさなかこう演説している。

いくら言葉を強めても誇張にならないときがある。いまの場合がそれである。暴政は地獄と同様に容易に征服することはできない。破壊された郷土、安全でない住居、兵舎や売春宿に化したわが家。まだこれを信じられない哀れなばかものがのこっているなら、この事実を嘆かせることなく受け止めさせるがよい。

（「アメリカの危機」『コモン・センス　他三篇』小松春雄訳、岩波文庫）

▒憲法と居住の権利

日本国憲法が掲げる生存権保障の根幹は「住居」であると、私は考える。劣悪な住居のもとでは健康で文化的な生活は営めない、人権も幸福の追求も社会保障や社会福祉もなりたたない。それに該当する条項が憲法にはすべてである。一般にそのことが看過されている。

念のためにいくつかあげるなら、

すべて国民は、健康で文化的な最低限度の生活を営む権利を有する。国はすべての生活部面について、社会福祉、社会保障及び公衆衛生の向上及び増進に努めなければならない。（第二五条）

生命、自由及び幸福追求に対する国民の権利（第一三条）

居住・移転・職業選択の自由（第二二条）

すべて国民は、勤労の権利を有し、義務を負う。（第二七条）

そして「国民は、すべての基本的人権の享有を妨げられない。この憲法が国民に保障する基本的人権は、犯すことのできない永久の権利として、現在及び将来の国民に与えられる」（第一一条）。因みに、第九条の戦争放棄の条項も無関係でない。平和でなければ居住は守れず、人は生存できない。

▒日本の住宅裁判に見る居住の権利

前節（四三頁）で引用した、福岡での「ひとり暮らし裁判」の記録は『住居の権利——ひとり暮らし裁判の証言から』（一九八一年、ドメス出版）として刊行された。その〝あとがき〟で、三浦まこと弁護団事務局長は次のように書いている。

専門知識にうとい裁判官にも理解しやすいように工夫し、また当事者や一般市民の教育効果を狙って構成した。内容は、新しい理論を理論的水準を保ちながらわかりやすく発表し、運動の発展に寄与したいという目的に合致するものであった。新しい理論が運動の中から、学際的研究により裁判を通じて生み出された経過を生き生きと伝えることになった。本書で提唱した「居住の権利」は、大衆運動の中から発生した、生成途上の権利である。住居の権利が受け継がれ、大衆運動の中で更に豊かに成長することを願っている。（傍点筆者）

確かに「住宅裁判」等の運動をつうじて「居住の権利意識」は根づいていくのであろう。その後、わたしは数多くの住宅裁判で法廷に立ったり鑑定書等を書くことになるのだが、これらの一連の「居住の権利」裁判ともいえる訴訟は、一審で勝訴しても高裁では大抵居住者側の敗訴で終わる。私のかかわったものでは、民間アパート家主による在日韓国人の入居差別裁判の勝訴、ひとり暮らし裁判と公団家賃裁判の和解、都営住宅の明け渡し裁判では東京地裁の一審で敗訴したが高裁では定年までの二年半の猶予を得たことだけが、例外であった。

次の例もそうである。一九九六年の「応能応益家賃制度」の導入で公営住宅家賃が大幅に値上げされ、家賃を供託していた被差別部落の住民が強制立ち退きを迫られる訴訟があった。応能応益家賃制度とは、公営住宅の家賃を民間住宅の家賃を基準に決定するという考え方に基づくもので、家賃の最高額は近隣の民間家賃を上回り、地域によっては家賃一〇万円をこえるケースもある。裁判では同制度の導入と強制立ち退きの是非が争われた。私は四百字百数十枚に及ぶ意見書を書いた。

これも一審の神戸地裁では全面勝訴したが大阪高裁で覆され、家賃の大幅な値上げは認められた。

■市民運動の原点

……〝日本では余りにも国民の声が小さい〟というご指摘も痛烈な日本人論であります。いつまでも、江戸時代の百姓根性をつづけてきて、精神の士たる自分を育てていない（むろん、無数の例外があります）ためだと思います。自分の精神を容れるにふさわしい住居を求めるのは、日本人として権利以前の当然なことで、社会のために義務でもある、と皆さん思わないせいでありましょう……。

（早川『欧米住宅物語』（新潮選書）に対する司馬遼太郎さんの感想文。

この書は『人は住むためにいかに闘ってきたか』（東信堂）として復刻された）

しかしそれにしても、わが国では市民の居住権運動が弱い。私は一年余をかけて世界の居住権運動を考察し、『欧米住宅物語』『人は住むためにいかに闘ってきたか』にまとめた。住む主体である居住者・市民のいわば「居住権闘争」抜きに住居の状態が良くなった国はひとつもない。戦後のわが国では、借家人組合や公共住宅団地居住者団体や建設労組の運動などが一定の役割を果たしてきたが、西欧諸国のような社会を揺り動かし居住権を実現する活動には発展しなかった。労働者の生活権を守るべき労働組合運動も目先の賃上げ中心に終始した。いくら賃金が上がってもローンや高家賃で家計を圧迫され、遠距離通勤や生活不便な生活を強いられ、欠陥住宅居住を余儀なくされていたのでは、生活水準の向上につながったとは言えない。前述の給与住宅住まいも解雇と同時に住居を失う、という事態に至っている。

企業の貢献も大きい。アメリカではロックフェラー、フォードなどの財団が低所得層向け住宅供給団体に大きな寄付をしている。

これらのことは、市民運動についても言える。公害、環境、税金、福祉、母親、女性、消費者問題、首長選挙その他さまざまの市民運動があるが、住居の問題が市民運動の対象になることは稀であった。だが、身近な高齢者福祉や子どもの心の荒廃、その他周辺を眺めるだけでも、良質な住居とコミュニティの安定の欠如が暮らしにくさや犯罪などを招いていることは、誰の目にも明らかになりつつある。孟子のいう「居は気を移す」（住居は精神の状態を左右する）認識を深めるべきであろう。そうでなければ、日本人は安心してこの国で生きていけなくなる、と思う。住居の問題は、公害や環境問題と違って現象は個別に現れる。だが、自分は「安心居住」できていると考えても、トータルな居住状態の悪化は社会を物心両面から危機に陥れるのである。

それに関連して、これまでの西欧近代主義から脱却して、東アジア固有の価値観や伝統に根差した居住の様式を模索することが必要になっている。東洋医学的発想による居住空間の構築とでも言えようか。その可能性は、学際的・国際的取り組みに深くかかわっている。

3　住民主体での復興——玄界島の実践

■住民主体の玄界島復興計画

玄界島は福岡市内中心部から北西約二〇キロメートル沖に位置する島である。ほとんどは斜面地で、漁港埋立地以外に平坦な土地はない。斜面集落は曲がりくねった狭隘な道や石段に囲まれ、石積みの上に住宅が密集している。二〇〇五年三月二十日、マグニチュード7の福岡県西方沖地震で、震源から南東八キロメートルの玄界島は大きな被害を受けた。人的被害は重軽傷者一九名と少なかったものの、斜面地にある島の家屋のほとんどである二一四戸が被害を受けた。

私は二度にわたり現地で話を聞いた。玄界島漁業協同組合長らの話は次のようなものであった。

震災の復興に際して地元住民は〝百聞は一見に如かず〟と判断、漁業協同組合は阪神・淡路大震災の被災地区を視察した。震源地に近い淡路市北淡町富島地区は玄界島と同じ漁業集落で、復興計画は最も大きな土地区画整理事業施行地区の一つであった。

だが、現地を訪ねてみると、「震災後一〇年以上経過しても事業が完了しておらず、家屋が除却されたままになっている」状態を目にした。そして、担当課長から「行政主導による計画は失敗だった」と聞かされた(区画整理は震災一五年後の二〇一〇年に完成した)。自治会長からは「地域住民が一つになることが非常に重要であること」を学んだ。

玄界島住民はその経験談を参考にし、島民が復興計画策定の主体にならなければならないと考え、外部の人間による委員会はつくらなかった。当初の事業計画案を小規模住宅地区改良事業に変更し、島の将来や生活に対する不安をできる限り軽減するように、島民の意向調査やワークショップ、座談会等をつうじて様々な意見を島づくり案に反映しながら進めた。

▩復興委員を選挙で選ぶ

全員が被災者代表である玄界島復興対策検討委員会委員は、「阪神」を反面教師にし、島民が自主的に選挙で選び復興計画の主体となった。

島づくり推進協議会会長は漁協長であり、漁民は島そのものであり、団結力が強かった。島民が自主的に選挙で選んだ玄界島復興対策検討委員会委員は、復興委員二六名のうち一三名は島民総会で選出した。一三名は女性部、青年団、青壮年部、消防団、婦人防火クラブ、ＰＴＡ、サラリーマンから選び、後者は当初は復興委員会の下部組織だったが、あとで委員会に入った。それがまたよかった、という。これらの組織の活動は日頃から地元に根付いていた。

復興事務所は、生活再建支援にも携わる「よろず相談所」でもあった。この間の推移を、新聞各紙は次のように報じた。

市の担当者は、わずか一日でほとんどの住民の意見がまとまった団結力の強さに驚いた。（『読売新聞』二〇〇五年五月二十二日）

復興計画案を島民総会了承（『朝日新聞』二〇〇六年一月二十九日）

玄界島民家族一つに、地震から3年・全員帰島（『毎日新聞』二〇〇八年三月二十五日）

島民は、福岡市は地元の主体性、地元案を尊重し、島民の要望をよく聞き入れ柔軟に動いてくれた、と感謝している（福岡市『玄界島震災復興記録誌』二〇〇八年三月）。私は玄界島漁協組合長で島づくり推進協議会会長の松田武治さんに、もし福岡市が島民の要求を聞き入れなかったときはどうされましたか、と尋ねた。「ストライキをしていたでしょう」と答えられた。この場合ストライキが何を意味するのか聞き漏らしたたが、住民の信念と団結力と復興の意欲に感心した。

■被災者の生活再建には居住民主主義が必須

住民にとっての「東日本」の真の復興は、被災住民が主体にならなければ実現できない、と改めて思う。

例えば、企業が漁業地区の再建に参画する「特区」制度などが行政によって提起されている。そうしなければ、壊滅状態の漁業は復興しないという考えである。だが、地元漁民等が案じているように、企業は経営困難になれば引き上げる。全国の多くの町でスーパーが進出し、安売り攻勢で周辺小売店が廃業し、不景気になってスーパーが引き上げ地域住民の消費生活を脅かす、という例が数多く起きている。漁業特区の場合も本質的に同じと考えるべきであろう。企業も会社経営が極度に悪化すれば閉鎖せざるをえない。経営者が悪いのでなく、これが資本の論理なのである。漁業労働に携わってきた人たちが漁業再建の中心にならなければ、漁村の復興は困難と考えるべきである。

同様に復興委員会や行政や学者・専門家が意見を押しつけたのでは、住民の生活も漁業も再建されないだろう、と思う。

二〇一一年七月現在、政府は借り上げ仮設住宅制度による民間賃貸住宅や公営住宅の家賃負担、仮設住宅の民有地建設と利用期限の延長、他県の仮設に住む人たちの地元仮設への移住・再入居、ホテル・旅館等の積極的無料利用、二重ローンの政府支援、集団移住の諸援助制度その他を進めている。不評の菅政権であったが、少なくとも「阪神」での対応と比べると隔世の感がある。しかし、肝心の住民や市町村が復興の主権者となる「居住民主主義」が欠けている。そのために、真に被災者のための、地域に即した復興ははかどらず、被災者の生活再建は進まないでいる。

4　生活様式のパラダイム転換

電力使用を減らす生産・生活様式と都市・国土計画

東日本大震災では地震・津波と並んで原発破損による放射能汚染被害が深刻である。原発は一旦事故が起これば広範囲の地域を居住不能にする。放射性廃棄物が長期間、子孫につけを回す。そして地球を脅かし、人類の生存を危うくする。原発と人類の共存は不可能と考えるべきであろう。

東京電力その他の電力会社、経済界、御用学者、官僚等々は「原発は経済活動や生活水準維持に必要」「原子力発電はコストが安い」というが、厳しい安全対策や今回のような事故に対する目に見えない、官民の莫大な補償金、人的・物的・社会的コストを考慮し、被害年数を乗ずるならば、費用は天文学的数字になるだろう。「安価な電力」は見かけ上に過ぎない。原発は全廃すべき、と私は考える。

だが、政府の原発対策は目先の個別・対処療法でめくらましをかけているかのようである。これを見ていて思い出すのは、創価学会初代会長・牧口常三郎氏の言葉である。

牧口氏は、「小善の大悪化」ということを言う（『価値論』一九三一年）。大善の策が提案されたとき「それは理想論、現実的でない」と、「次善の策」なるものをぶっつける。それが大善策をつぶしてしまう、というのである。けだし名言である。原発全廃を大善とするならば、（菅前首相の元での）浜岡原発の一時停止、ストレス検査、原発再開は自治体の判断にまかせる、原発を必要としない社会、その他一見、国内外の原発反対運動に同調するような姿勢を見せながら、真意は不明である。これでは、原発政策の展望は持てないばかりか「小善の大悪化」で終わろう。

野田首相は、二〇一一年九月二十二日、国連で「原発の安全性を世界最高水準に高める」と演説をしたが、これも「小善の大悪化」になりかねない。天変地異が地球を襲っているとき、事故が起きてからでは遅すぎる。十九世紀フランスの動物学者ゲオルゲ・キュビエが提唱した〝天変地異説〟は「過去の地球上では突発的な激しい天変地異が幾度か繰り返され、そのたびに前の時代の生物群がほとんど死滅し、生き残った一部の生物が世界に広く分布するようになった」（『大辞林』）という。この場合、「滅びた生物群」とは日本民族をさすと言えようか。また、太平洋戦争の初期、戦争の早期終結を提唱した軍内部の意見に対し、南方の石油資源獲得を要求する資本の意向で戦争を継続した、という話（NHK番組による）と類似している。

フランスは原発政策を継続・拡大しているというが、フランスやドイツには地震がない。地震・津波、台風通路の日本とは全く条件が違うのである（例えば、石橋克彦編『原発を終わらせる』岩波新書、二〇一一年）。原発推進論者はこのことをどのように見ているのであろうか。

それでは、何が根本的な対策となり得るのか。

原発に替わる火力・水力・風力・波力・太陽光・地熱・バイオマス発電等々の自然・再生可能エネルギーなどの供給面、そして節電についての議論が盛んである。これらも必要に違いない。だが、それはすべて現在の電力需要を前提にした供給サイドからの話である。なぜ電力が必要になる生産・生活様式を転換する方向が検討されないのか、不思議に思う。

電力需要を削減するという課題には、国土利用、都市計画、生活様式などの生活空間計画や暮らしのあり方が関わっている。それに目を向ける必要がある。

▩緑陰・水辺空間の再生

電力消費の最も高いといわれる夏の猛暑期は、エアコンではなく、都市林、街路樹、各種の緑陰を飛躍的に増やす、ビルを緑で覆う、河川・湖沼・水路等々の水面で地熱を奪い涼風を起こし気温を下げる、大気の浄化・湿潤化を図る、経済成長時代にふたをして道路に変えた河川は元にもどす、等々といった自然回復の方法で対応する。

東京都江戸川区の親水公園が有名である。かつて、江戸川区内には総延長四二〇キロメートルにも及ぶ水路や中小河川が縦横に流れ、農業用水、水上交通や、子供の魚取りや水遊びの場として暮らしを支えていたが、都市化の進展でドブ川と化した。一九七四年、レクリエーション・緑道河川事業として再生に着手。一九九六年、全長一二〇〇メートルの美しい水の帯が完成した。私は何度か訪れたが、子どもが嬉々として水遊びし、親子が歓声をあげている。魚類、昆虫、野鳥、水生生物などは二百種に及び、小中学生の学習、散策、景観形成、環境の回復、防災等々の役割を果たしている。二〇一一年現在、親水公園は五路線九六一〇メートル、他に親水緑道一八路線一万七八六〇メートルに達している。

清らかな川の流れ、水辺の風景が自然環境を浄化し、生活空間を豊かにするのは世界共通である。

■高速道路を壊して清流をとり戻したソウル市清渓川

韓国・ソウル市内の高速道路撤去、水辺と緑の回復は、時代の転換の先駆けといえよう。

ソウル市役所の側を走る清渓高架道路は長さ五・八キロメートル、幅一六メートル、一日平均十余万台の車が走る。この都心の高速道路を壊して元の魚のすむ清流に戻す工事が二〇〇三年七

図表10　〈上〉清渓高速道路（ソウル特別市清渓川復元推進本部提供）
〈下〉道路を壊して清流が取り戻された（2005年8月1日撮影）

月に開始された（図表10）。

なぜ復元が必要だったのか。現地で入手した資料によると、

①ソウルを、きれいな水の流れる緑豊かな美しい人間中心の環境都市として生まれ変わらせる契機にする。

②清渓川の下に埋まる朝鮮時代の歴史遺産を復元させ、民族の誇りを取り戻す。

③蓋の下の川底に流れ込んだ化学汚染物質で上の構造物が腐食し市民の安全が脅かされていた。

④都心地域を国際金融・ファッション・観光産業の街として活性化させる、など。

復元工事に際しては、住民、商人会と四千回以上の会合を開いたという。私は工事がほぼ完了した二〇〇五年八月と、十月一日の竣工式の日の二度出かけた。夕方からの式典には大統領や市長も参加。祝賀行事の楽隊が朝鮮衣装をまとって行進する。翌日朝から出かける。川の両岸に並木が続く。水辺の遊歩道には噴水、滝、休息のテラス、モダンな吊り橋、屋根のある橋がかかる。ソウルの新しい名所、市民の誇り、観光資源となっている。翌日の新聞は市民約百万人が訪れた、と書いた。

清渓川の復元によって周辺の気温に変化はあったのだろうか。清渓川を中心に両側二〇メートルずつ離れた場所の気温測定の報告論文によれば、復元事業完成前はソウル市の平均気温よりも〇・五度高いが、復元事業が完成した時点の清渓川及び周辺地域の平均気温はソウル市の平均気

温より約一・三度低い。河川復元前後では、一・八度気温が下がったことになる（「清渓川復元による気象環境変化分析」『韓国大気環境学会論文集』二〇〇五年、韓国気象庁気象研究所応用気象研究室）。

中国南京市内の巨大な玄武湖は、水面は微気候の調節、蓮の花は鑑賞、蓮根は食用、湖面にはボートを浮かべる、湖の周りには薬草を植える、等々の複合利用によって自然環境維持と収入源にしている。同じく南京の孫文の陵墓・中山陵は広大な森林（植林）に囲まれている。陵墓の景観構成、大気の浄化、自然の保全、木材の伐採による収益等々の複合的役割が意識されている。

▩農林漁業の復興・拡大

一次産業の自然環境に与える影響も大きい。都市近郊農地を保全・再生する。ため池、灌漑用水、水田等の貯水機能、環境形成、オープンスペース、農産物生産の役割をとりもどす。大地の保全を図りつつ、食料自給力・自給率を高める。地産地消をすすめ、遠距離食糧輸送によるエネルギー消費を減らす。生産緑地は児童の教育空間としても有益である。

中山間地を振興し、国内林業を再生し、木材供給、地下水の涵養、国土保全・防災機能、大気の浄化と湿潤化、酸素の供給、レクリエーション空間、その他の森林や都市近郊の里山が有する多様な機能を回復する。シックハウス病の最大原因である外材の新建材利用を国内産木材に変える。地域経済の発展、関連地場産業の振興にも寄与する。

国内材の生産・利用の軽視、南方・北方材の大規模伐採と輸入は、国内林業を荒廃させるとともに、現地の自然を破壊し、森林に依存して暮らす住民の生活を脅かし、地球環境問題を深刻にしている。一九九三年十一月十四日、私は熱帯林行動ネットワーク（JATA）主催のシンポジウムでインドネシア南方材伐採地域の村長及びカナダの原生林保護団体の人たちと討論した。カナダ原生林のすさまじい荒廃のスライドは今も記憶に残る。伐採された木材のほとんどは2×4（ツーバイフォー）住宅の材料として日本に輸出されている、ということであった。インドネシアの村長は、環境破壊と森に依存して暮らしてきた村民の生活が壊されていることを、切々と訴えられた。夜一緒に食事をすると、住民が大学教授と一緒に食事をすることなど現地では考えられない、と言われた（熱帯林行動ネットワーク編・刊『失われゆくカナダの原生林』『インドネシアの森から』一九九四年、参照）。

▨市街地の改造

ヒートアイランド化した密集市街地・過密住宅地を改造して緑地と水面を増やし風道《かぜみち》をつくり、水分の蒸発と通風を良くする。ちびっこ広場、ミニ公園を充実し、日常の子どもの遊び場、老人や主婦の憩いの場にすると同時に、災害時の延焼防止空間や避難広場とする。都市の再生は高層マンションなど土地利用の高度化や人工化でなく、暮らしの安定と多様な福祉機能を有する生活空間に変えていく。

エレベーターが不可欠で電力を消費する高層マンションの建設は中止する。大地震時、仮に高層住宅は倒れなくても、揺れの大きさによる居住者のパニック、エレベーター、水道、電力の停止、食糧確保・昇降の困難等々は今後、深刻な居住問題になろう。そのことは、全国各地の大地震から遠い東京や大阪などですでに経験されていることである。

集合住宅はエレベーターを必要としない三階建以下にする。昔の長屋を近代化したような低層高密度のタウンハウス形式は、高齢者・障がい者、主婦などに住みやすく、子供の環境としても好ましく、コミュニティの形成、維持管理がしやすい。西欧諸国は以前から一部例外を除いて高層住宅建設を中止し、既存住宅は爆破して中低層に変えている。私はそれをロンドン、パリその他多くの都市で目にした（早川『人は住むためにいかに闘ってきたか』東信堂。「安心できる住居をつくる」『徹底検証 21世紀の全技術』藤原書店所収、参照）（図表11）。

大気を汚し気温を上げるマイカーに代わり、すでに全国各都市で導入されつつある省エネルギーの新型公共路面電車を導入する。エアコンなど個人的手段による生活様式を、あらゆる局面で社会的消費手段による生活様式に転換する。飲料水の自動販売機は撤去する。以上はすべて、電力の節約と地球温暖化の防止につながる。

図表 11　爆破される高層住宅
〈上〉休息中の爆破技師たち
〈中〉爆破開始
〈下〉高層住宅と爆破された瓦礫
（提供：AGENCE IM'MEDIA）

だが、基本的には国家権力と大企業の癒着に起因する大都市への産業経済機能・人口の集中、巨大都市化が必然化する地価の上昇と都心の高度利用、人工空間化、前述のヒートアイランド化の抑制等が不可欠である。

巨大都市化は居住圏域を拡大し、道路交通・鉄道輸送の長距離化と大量のエネルギー使用を不可避とする。遠距離・長時間通勤は心身の疲労をもたらす。災害時の膨大な帰宅困難者の発生予想も日常の遠距離通勤の延長線上にあると考えるべきである。

地域主権の生産・消費様式の発展は地域経済に寄与し、産業・人口の大都市集中に歯止めをかける。生産・生活・消費様式、都市と農村の相互依存関係、それらを通じての経済と消費のパラダイムを転換すれば、原発など必要でなくなろう。

▒国土をいたわる

「大災害」の根源を遡ると、資本と国家権力による国土の収奪的利用につきあたる。戦後の日本は、まちや村や国土をもっぱら経済活動の側面から利用してきた。一九七二年、田中角栄氏が発表した「日本列島改造計画」はその代表であった。その結果、日本は「経済大国」になることができたが、その一方で農林漁業の衰退、農産漁村の疲弊、食料供給能力の低下、過疎と過密の進行、生活環境の悪化、コミュニティの崩壊、社会経済格差と貧困の拡大、全般的な国土の荒廃等々が進行し、住みにくい国になった。巨大災害はその陰で負のエネルギーを蓄えていた、といえよう。

二十一世紀はそれに代わり、生命の安全、人間の尊厳、生活の安定、健康・福祉・社会保障基盤の整備、自然の保護、農林漁業等一次産業の振興による食料の自給と安全、国土の保全等々の、いわば日本国憲法が掲げる国民の生存権の保障、幸福追求の権利などの基本的人権と地球環境維持、持続可能社会実現の価値観に立った町や村や国づくりが必要である。それは、私たちが身を寄せるこの日本の国土のどこに住んでも、安全で安心して幸せに暮らせる、真の意味での「福祉国家」であり、「日本列島居住福祉改造計画」である。「居住の権利」とは、生存権の基礎としてだけでなく、地球と人類の存続可能性の一環として位置づけるべきである。

「東日本」で直接人命を奪ったのは大津波であったが、深刻なのは原発破損による放射能汚染である。振り返ってみると、戦後の高度成長時代、日本の自然海岸は埋め立てられて重化学工業コンビナート基地に変わった。水俣病を始めとする海洋汚染、大気汚染その他の公害が全国にひろがった。「原発災害」はその延長線上にあった、と考えるべきであろう。

長い時間経過のもとで考えれば、喩えが適切かどうか分からないが、人体に悪い食べ物を食べ続け、ある日突然深刻な病いを発症させたのと類似している。国土をいたわらず、痛め付け、食い荒らしてきた末の発病のように思う。このような病は、当事者も予期せぬ「想定外」のことと受け止められるが、人体でいえば必然性があった。国土を維持するのに必要な自然の保護や一次産業や、第Ⅱ部で述べる「居住福祉資源」を尊重した、いわば病を回復する国土利用の論理が求められている。

その骨子は、人体に循環器系、抹消神経系、呼吸器系、内分泌系等々の系があるように、国土にも人体と同じような論理が支配しているのではないか。日本社会は長きにわたってそれを痛めつけ、不養生を続けてきた。深刻な国土破壊は、人体に喩えれば「不養生の結末」とでもいうべきであり、その尊重と回復が必要ということであろう（私は日本学術会議都市・地域・国土問題特別委員会、西山夘三・山崎不二夫・山本荘毅編『国土と人権』一九七四年、時事通信社の中で、国土が人権の基盤となるべきだ、という趣旨を「国土空間と土地利用計画」と題して展開した）。

事態の収拾は今後に待たねばならないが、これ以上国土に傷病をもたらす要素は事前にとり除くべきである。そして、いわば東洋医学的に国土を回復させねばならない。

補論1「住宅憲章」は、居住政策のあるべき姿、補論2「東アジア居住福祉宣言」は、東アジアの自然観に立った町や地域や国土の計画理念を提起する。

補論

1 住宅憲章

著者が中心となって一九八二年に創設した、社会的研究運動団体「日本住宅会議」（代表委員・大河内一男・元東京大学総長他一六名、事務局長・早川）は、一九八六年のハビタット一〇周年を記念して「住宅憲章」を提唱した。約一八〇〇人（当時）の会員からの意見を参考に、小林直樹（憲法）、一番ヶ瀬康子（社会福祉）、早川の三人でまとめ、岩波ブックレット（No. 123）として刊行した。その内容は、以上に述べた趣旨と同一であり、現在の東日本大震災復興にも通じるところが大きいと思われるので、以下に掲載する。憲章は本文と解説からなっているが、以下は本文のみ紹介する。

「住宅憲章」主文

〔住まいへの権利〕

一、すべて国民は、人間にふさわしい住居に住む権利を有する。この権利は、各人が幸福を追求し、および健康で文化的な生活を営む基本的な権利の一環として、平等に保障されなければならない。

〔国民の義務と国の責任〕

二、国民は、国政の主権者として、人間にふさわしい住居の実現に努める義務がある。
国および地方自治体は、すべての国民の人間らしく住む権利を保障するために、最大限の努力を払う義務を負う。

〔住宅の要件〕

三、住居は、生命の安全と健康ならびに人間の尊厳を守り、居住者に安らぎと秩序を保障するものとして、次の基準を充たすものでなければならない。
1、住居として独立し、プライバシーを保障すること。

2、堅固かつ安全な構造を備えていること。

3、保健・衛生上必要な設備を有し、良好な環境の中に配置されること。

4、高齢者、身体不自由者および子ども等の安全と快適のための配慮がなされていること。

5、国民経済と文化の水準に照応する一定の広さが確保されていること。

［生活環境］

四、生活環境は、生命の安全と健康を守り、自然・文化と調和し、住民に快適さを与え、ひいては健全なコミュニティの発達に寄与するものでなければならない。

良い生活環境は、すべての国民に平等に保障される。このために、過密および過疎から生じる困難と問題は、国土および都市の合理的計画によって、解決されなければならない。

［住居費］

五、すべて国民は、家計の適切な負担による居住が保障されなければならない。

国および地方自治体は、国民が過大な住居費を負わされないよう、土地の適正な価格の維持を含む、有効・適切な住宅政策を策定・実施しなければならない。

［差別の禁止］

六、すべて人は、社会的身分・国籍・性別・収入・家族関係等の条件によって、良い住居に住む権利の享有を妨げられない。

障害を持つ市民は、他の市民とともに生活できる居住条件を保障されなければならない。
何人も、その意志に反して、特定の地域や施設で住むことを強要されない。

［住民参加］

七、住民は、居住する地域のあり方を自ら決定する固有の権利を有する。
住民は、居住に影響を与えるすべての情報について、知る権利を有する。
前二項に定める住民の権利を保障するため、国および地方自治体は、その条件を整備するとともに、住宅政策・都市計画等に住民が参加する方法と手続きを定めておかなければならない。

［住教育］

八、すべて国民は、豊かな住生活を実現する主権者としての教育を受ける権利を有する。
国および地方自治体は、前項の目的を達成するために、住教育の普及と研究の発展に努めなければならない。

［土地政策］

九、土地は、人間居住の基本要素であり、人類・社会の有限の公共的資源であって、利殖・投機の対象とされてはならない。土地は、住みよい町とコミュニティ形成の基盤として、民主的計画にもとづいて利用されなければならない。

［社会的責務］

十、本憲章に定める人間らしい居住の実現は、国民の不断の努力によって始めて達成される。社会的、経済的活動に携わるすべての個人、団体および企業は、国民の居住権の充実のために、居住水準の向上に寄与する社会的責任を有する。

［附則　住居法の制定］

国は、本憲章の定める人間らしい住居の実現のため、国民の総意にもとづき、住居に関する基本法を制定する。

2　東アジア居住福祉宣言

日本居住福祉学会、中国不動産学会、韓国住居環境学会の三団体は、二〇〇〇年から毎年、居住問題に関する国際会議を三国もちまわりで開いている。そして、二〇〇五年の奈良大会では「東アジア居住福祉宣言」を採択した。内容は、西洋近代文明が主導してきた自然克服、科学技術中心の都市・国土・居住地計画に対し、東洋的自然観にもとづく居住政策のありかたを提言したものので、東日本大震災復興の道筋とも重なる。

すなわち、相次ぐ「大災害」は人間が自然界の一員として生かされていることを忘れ、もっぱら自然を支配・改変して都市や国土をつくる近代文明を「人類の進歩」と認識してきた結末であり、原発問題はその頂点に立つ、自らを滅ぼす行為であった。その意味で、前章冒頭に述べた生活様式のパラダイム転換とは、人類の地球上での生存のあり方の転換を求めるものといえる。

また著者が現在構想している、日本の国土のどこに住んでも安全で安心して生きられる「日本列島居住福祉改造計画」と共通するところが大きいと考えている。

東アジア居住福祉宣言

［前文］
人はすべてこの地球上に住んで生きている。安全に安心できる居住は人間生存の基盤であり、基本的人権である。二十世紀は、戦争と破壊、植民地支配、災害、貧困、失業などによって多くの人々を難民、ホームレス、劣悪居住、居住不安等々に追い込み、人間としての尊厳を損なった。
これに対し、国連憲章、世界人権宣言、国際人権規約、ハビタット・イスタンブール宣言等は「適切な居住の権利」「持続可能な地球環境の維持」などを掲げ、各国政府はその実現を約束した。
私たちは、これらの基本的な居住の権利、人々が適切な住居に住み、人間の尊厳をもって、安全に安心して暮らす状態を、「居住福祉」と呼ぶ。「居住福祉」は、人間の生存と幸福の基礎条件であり、人としての基本的権利であり、人類社会が実現しなければならない目標である。すべての人々は居住福祉の確立の必要性を真摯に受け止めなければならない。各国政府は、人々が適切な居住の権利を享受でき、居住福祉が確立されるよう、国際条約、国際会議における取り決めを誠実に履行しなければならない。

それと同時に、アジアでは、西洋近代化への過度の傾斜によって、東洋固有の居住の知恵が閑却されている。自然の摂理と地域を尊重する伝統文化が省みられず、地域共同体の解体、資源・エネルギーの浪費、生態系の破壊など、居住福祉環境の悪化を招いている。

二〇〇〇年に発足した「日中韓居住問題国際会議」は、各国が直面する居住をめぐる諸問題の解決を目指して研究交流を進めてきた。本会議は、西洋近代主義をその価値観とともに見直し、東洋の長い歴史と思想と文化に立脚し、人類のより良い生存と幸福に貢献するために、東アジアと世界に向けて、以下を宣言する。

【1　居住福祉の理念の樹立】

すべての人は適切な居住の権利を有する。各国政府はその実現の責任と義務を負う。

人権としての居住福祉の理念を樹立し、適切な社会保障と市場を組み合わせ、特に中低所得者への適切な住宅供給を十分に行い、無収入を含め、異なる収入や異なる条件の住民すべてに適切な住宅を保障しなければならない。

【2　社会的排除と居住に関わる差別の禁止】

人種・国籍・社会的出身の異なる人々や社会的に不利な条件の人々、とりわけ高齢者、子ども、障がい者、母子家庭、傷病者、低所得者、被災者等に必要な住宅保障がなされず、社会的に排除され、不適切な居住が強いられている。こうした居住差別は、禁止、解消されなければならない。各国政府が承認した国連社会権規約等の国際上の取り決めに従い自国の法律を整備し、自力では居住確保の困難な人々を含めすべての人々に、居住を保障しなければならない。それが、居住福祉の中心課題である。

【3　人と自然の調和と共存】

居住環境の形成は、人と自然の調和と共存を図らなければならない。生態系を尊重する東アジアの自然観に立脚し、良好な居住福祉の次世代への継承を図らなければならない。国土の開発と利用に際しては、農地、森林、湖沼、海浜その他の生態系環境の保全が必要である。居住地計画においては、日照、風道（かぜみち）、水道（みずみち）、緑陰、水辺空間等の自然条件等をよく考慮しなければならない。

【4　地域固有の文化の尊重】

暮らしを支える地域固有の生活文化は、「居住福祉の土壌」として尊重・育成し、開発による破壊を禁じなければならない。また地域における思想、宗教、価値観、生活習慣などの多様性が尊重されねばならない。

私たちは東アジアに固有の居住文化の原理を尊重し継承するために、居住地の計画、建設において伝統的居住文化の伝承と発展に配慮しなければならない。

［5　居住福祉資源の評価と有効利用］

私たちは住宅から居住地、地域、都市、農山漁村、河川湖沼、森林緑地、地下資源、日光、空気、国土、地球まで、すべてを「居住福祉を支える資源」とみなし、その資源の評価、積極的な保護、有効な活用、再生、蓄積によって、人類社会の維持可能な発展と安心して住み働く「安居楽業」の条件を構築しなければならない。

［6　居住環境の予防原理］

良好な居住福祉環境は、児童の発育と成長を促し、高齢者にやすらぎを与え、傷病の予防、健康の増進、地域の防犯機能等を向上させる。こうした居住福祉の予防機能は社会的費用を低減させる。これらに対する認識を深め積極的な取り組みが必要である。

多発する自然災害は安定した生活を破壊する。これに対して政府、自治体は有効な予防と救援措置を図り、防災機能を高め、居住福祉の持続的発展を保障しなければならない。

［7　居住福祉実現の主体］

居住福祉の実現のため、政府、自治体は居住の主体である住民が居住福祉政策策定と実践に参画することを積極的に保障しなければならない。居住者の居住福祉政策策定への参画を通じて、住民の「住む能力」が発展し、公民権意識が向上することは、「居住の権利」の重要な要素である。教育・学習、情報・技術の普及、研究によって、居住福祉実現の主体となりうる能力が高められなければならない。

〔8　国際連携・協働の強化〕

様々な人種や民族が国境を越えて暮らす現代社会において、地域間の居住福祉にかかわる知識、知恵、実践の交流、知識の伝承、主体の連携・協働は、良好な居住福祉社会形成に不可欠であり、世界的な居住福祉社会の形成に寄与するものである。

二〇〇五年十一月三日

第五回　日中韓居住問題国際会議　奈良大会

第Ⅱ部　「居住福祉資源」と防災

1 「居住福祉資源」とは何か

■住居は福祉の基礎

私は近年「居住福祉」という概念の必要性を提起している（例えば岡本祥浩共著『居住福祉の論理』一九九三年、東京大学出版会。早川『居住福祉』一九九六年、岩波新書他）（**図表12**）。その意味は二つある。

第一は、住居は人間生存の基盤であり福祉の基礎であるということである。

人生は一つの橋をわたるのに似ている。人としてこの世に生を受け、たえざる自己発達を遂げ、日々の充足を感じながら生活を送ることが、生き甲斐であろう。だが、ながい人生にはさまざまの生活上の事故が起きる。傷病、障害、失業その他、そして避けることのできない老齢の時に、暮らしを支えてくれるのが、福祉国家における社会保障・社会福祉等の諸制度である。だが、劣悪な居住条件の下ではこれらは十分機能しない。

図表 12　住居は生活・福祉・防災の基礎（©早川和男）

例えば、高齢社会とともに増大している慢性病、持病、生活習慣病などの背景には、低質な居住環境がある。転倒、墜落などの家庭内事故は年々増え、二〇〇八年には一万三四二〇人が死亡、内六五歳以上は一万四四六人（七八％）である。寝たきりの直接の原因は脳血管障害、老衰、家庭内事故の順とされるが、骨折で入院し寝たきりになる例も多い。また日照、通風が悪く、居室が狭く設備の悪い老朽化した低水準住宅では、介護保険による住宅のバリアフリー化も難しく、在宅生活は困難である。

第二は、「居住環境ストック」による生活保障の重要性である。

人の暮らしは、大きく分けて二つの要素によって支えられている、と言える。

一つは、賃金、社会保障、福祉サービス、医療等々で、これらはいわばフロー（金銭、サービス）である。それによって食料・衣服・耐久消費財等々の取得、傷病の治療、教育、交際、文化、住居費支出等を行ない、生活を維持する。疾病、障害、失業、貧困、老齢などによって賃金収入が得られなくなった場合の生活保護その他の社会保障給費もこれに含まれる。

もう一つは、住宅、居住地、地域、都市などの居住環境ストックである。ストック概念は教育、技術、芸術、文化、産業、経済など多くの分野で存在するが、人の生存と暮らしを支える居住環境ストックを「居住福祉資源」ととらえる視点はこれまでなかった。

両者はともに生命の維持と生活にとって不可欠の存在である。収入や衣食の保障がなければ身体や日々の生活は維持できない。だが収入が多くても、貧しい住宅、劣悪で危険な住環境の下では、生命の安全や生活の維持は困難である。それに対し、住居に不安がなければ、リストラに遭っても、老後も、失業保険や年金等で何とか暮らせる。

医療や福祉サービスは一種の個人的消費であり、その都度消えていく性格を持っている。それに対し、安全で快適な住居やまちは、その存在自体が人々の暮らしを支えると同時に、絶えざる財政支出を伴わずに子孫に受け継がれ、福祉社会の基盤となっていく。超高齢社会を迎える二十一世紀は、傷病になってからの医療、寝たきりになってからの福祉サービスという事後対応による医療・介護の前に、良質の居住環境ストック、すなわち「居住福祉資源」による健康と福祉の可能性を追求していかねばならない。その視点を欠くならば、社会福祉政策は、劣悪な住環境がつくりだす医療・福祉需要のしりぬぐいに追われることになる。これは社会保障制度審議会（隅谷三喜男会長）の勧告どおりである（六〇頁）。

■福祉を支える「居住福祉資源」とは

だが、問題はここから始まる。

第一は、住居や生活環境が福祉の基礎であるといっても、住居がありさえすればよいわけでない。ホームレスの人たちを除いて人はすべてどこかに住んでいるのであり、「居住」の状態によってはむしろ健康や福祉を阻害する存在になることは、自明である。四畳半に三人が住むといった狭小・過密居住、排ガスや煤煙に囲まれた不良住環境、災害危険地域での居住等々が広がれば、個々人の生命の安全、健康、福祉等々はもとより、一国の社会・文化状態にまで悪影響を与える。これらは、『住宅貧乏物語』（一九七九、岩波新書）で詳説した。

それでは、住居や生活環境や街や村がいかなる存在状態であれば健康や福祉を支え得る、著者の言う「居住福祉資源」となり得るのか。その追求が次の課題となる。

第二は、「居住福祉資源」概念の性格と範疇である。

現代福祉国家は、保健、医療、福祉、教育、住宅、社会保障その他に関わる諸々の制度を設け、国民の生活・福祉基盤を構築してきた。日本も明治以降その道を歩んだが、北欧西欧先進諸国等と比べて今なお遅れた水準にある。政府は高齢者保健福祉計画（ゴールドプラン21）などに力を入れ、特別養護老人ホーム、老健施設、グループホーム、デイサービスセンター、ケアハウス、訪問看護ステーション、ホームヘルパーなどの介護サービス基盤の整備、元気な高齢者づくり、地域生活支援体制の整備等々に力を入れている。それも必要である。

しかし、超高齢社会の二十一世紀はこのような公的制度の充実とともに、私たちの住んでいる住居や町や村や国土そのものを安心して生きる基盤にする必要がある。

言いかえれば、私たちが暮らしている地域社会には、暮らしを支える様々のかたちの「居住福祉資源」が存在する。それは福祉とは一見関係がないように見えても実は重要な役割を果たしている場合が多い。

■部屋から国土まで

居住空間は、部屋、住居、居住地、地域、都市・農山漁村から国土へとひろがる。これらのすべての存在状態が居住福祉資源を形成する。そして、それらの有する居住福祉資源としての性格や質は居住空間の要因によって異っている。その性格と役割の解明が第一の課題となる。

「居住福祉資源」を事例的にあげるなら次のようなものであろう。

①歴史的・伝統的・自然資源——例えば、社寺、教会、参道、集落、海岸、水辺、里山、農地、森林、歴史風景・町並み等

②歴史的につくられてきた公共・公益的性格の施設——駅舎、郵便局、鉄道・路面電車、学校、公衆トイレ、公園、船舶（デイサービス船）等

③商業・公益施設——商店街、市《いち》、市場、銭湯、宿泊施設、老人・障がい者福祉関連施設、公民館、道の駅、町の駅、川の駅、その他

④地域社会の諸行事——祭り、縁日、諸行事、花見、その他

⑤働く・動く・生きがいを支える——下町の家内工場の労働諸施設、農山漁村施設、その他

⑥目に見えない資源――コミュニティ、住み慣れた地域、その他
⑦住民運動によって発見、認識、実現された居住福祉資源――各種住民運動の成果による景観の保全・再生、諸施設の役割の再評価、その他
⑧その属性が避難時の防災・救済の役割を果たしうる諸施設・土地利用その他――公園、墓地、社寺仏閣、競馬場、河川敷、庭園、大学キャンパス、各種公共住宅団地、老人ホーム、公民館、障がい者施設、道の駅、公園、農地、その他
⑨制度による諸福祉・防災施設
⑩保健師・訪問看護師、その他の福祉関係者等の諸活動による日常的でソフトな活動
⑪その他

2 「居住福祉資源」のさまざまな範疇

■安住の基礎としての部屋と住居

部屋は人間の肉体と精神があらゆる自然的・社会的脅威から防御され、心身を安め睡眠をとり、思考やプライバシーを確保する基本的シェルターとしての役割を果たしている。ホテル、簡易宿泊所(通称ドヤ)、ワンルームマンション、学生の寮・下宿などはその原型である。鎌倉時代の歌人・随筆家の鴨長明は『方丈記』を著し、人のくらしは「起きて半畳、寝て一畳」、「住まいは方丈(二メートル四方)があれば足りる」と書き、日本人の仏教的諦観的住居観の典型のように受け止められているが、単身者の部屋と考えれば現在とそう変わらない。

だが、部屋が無い場合、路上や公園、橋の下、駅舎などに身を寄せることを余儀なくされ、ホームレス、野宿状態におかれる。寒さ暑さ、雨露をしのぐことも、身体を休めることもできない。

寝ているときは無警戒であるから様々の暴力も防げない。部屋と諸生活設備の集合体としての住居は個人及び家族の暮らしの基盤である。

さて、その部屋と住居が本来の役割をはたすには、からだを横たえ生活するに十分な広さ、衣服の着替えやくつろぎなど室内での生活行為とプライバシーの維持、高齢者の場合は介護のできる空間的余裕など、一定の床面積と天井の高さ（容積）、自然採光と通風、換気のできる外部に面した開口部、隣室からの音の遮断、断熱性、静けさ、快適な温度等の物的条件、さらに家族にとっての居間、トイレ、浴室、食堂、台所、そして居住の安定（支払い得る住居費、居住権）を必要とする。

これらの条件を欠いた場合、たとえば部屋が絶対的に小さかったり、過密居住であったり、設備が不備で安心して住めなかった場合、部屋、住居としての役割を果たし得ず、心身の健康や暮らしは支えられない。

▩目に見えない居住福祉資源——コミュニティ、風景、住み慣れた居住地

人間の生活は住居だけでなく、日々の生活は商店、診療所、学校、行政機関、郵便局、銀行、公園、交通機関その他の物的な施設によって維持されている。同時に、コミュニティのような目に見えない資源がある。長年住んできた家と町には親しい隣人、顔見知りの商店、身体のことを

よく知ってくれている医者、見慣れた風景などがあり、それが日常の会話、相談、たすけあいにつながり、生活の安心感や暮らしを支える。

子どもにとっての友人、主婦には気軽に相談できる隣人の存在は、暮らしの上で不可欠の条件である。団地の砂場は子どもの遊び場としてだけでなく、地域と縁がなく孤立しがちな母親らの交流を通じての日常生活の相談の場としての役割を果している（後述する『ケースブック・日本の居住貧困』での保健師の観察）。

また老人には、住みなれた地域での居住継続自体が福祉の基盤となる。阪神・淡路大震災では、町から遠くはなれた仮設住宅や復興公営住宅で被災者が孤独死や自殺が、震災後一六年の今なお続いている。住み慣れたまちを失い、支えあって暮らしてきた隣人から切り離されたことが最大の原因である。痴呆性老人のためのグループホーム、コレクティブハウジング（ユニットケア）等の意義が説かれ普及しつつあるが、そこではかつての暮らしの基盤の回復が目指されている、といえる。すなわち、「長屋」はグループホームであり、路地はコモンルームであった。また、市場は対面購入、情報交換、憩い、高齢者雇用の場所等々として、福祉空間になっていた。

住宅が立派で街並みが美しくコミュニケーションが豊かな居住地では、ながく住みつづけたいと思い、環境破壊に抵抗し、住民がよりよい居住地にしていこうとする意識が育ちやすい。これは自治の基礎であり、デモクラシーを根付かせていくための要件であり、住みやすい居住地を形成するソフトな居住福祉資源と言える。第I部で述べた「住む能力の発展」につながる基盤でもある。

■教育・福祉資源としての居住空間

「スモール・イズ・ビューティフル」を唱えたE・F・シューマッハーは「教育の本質は価値の伝達である」（『スモール・イズ・ビューティフル』）と言う。しかし、価値を伝達するのは教育だけではない。地域の中の自然や歴史環境は、文化的価値を伝え人を育てるコミュニケーション空間である。川や池、野原、里山等々の自然は子どもにとって自由に想像力を養う空間である。管理された公園や施設にその役割は果たせない。自然の中の鳥の声、風の音、小川の魚取りや蝉捕り、夕焼け空の感動、まわりに高齢者や障がい者がいることはいたわりの心を育む。また、住宅団地は日常的には居住、遊び場、老人の憩い、緑陰、大気の清浄化、静けさ、等々と同時に、災害時には延焼防止空間、避難拠点等々の役割を果たす。

居住福祉資源としての居住地、自然・社会環境の持つ教育力、福祉力を再認識する必要がある。

校内暴力、家庭内暴力、いじめ、家の内外での非行、ホームレスなどの弱者に石を投げる、その他殺人にいたる「犯罪」が日常茶飯のように起きている。子どもの心が荒れている原因は一概にいえないが、身近な自然環境の消滅や、戦後の核家族中心の画一的でモノカルチャーな居住地が感性の育成力を衰退させているのではないか。子どもたちの心の荒廃も、居住地の持つ教育力の衰退が一因と思う。学校教育だけの問題ではない。

老人居住の望ましいありかたとして子どもや若者と一緒に普通のまちに住む〝ノーマライゼーション〟の意義が説かれている。だが、これは子どもにも必要である。身近に老人が居れば人はいつか老いることを知る、病人が居れば人は病むことを知る。老人も障がい者もいない団地で競争の坩堝に投げ込まれている子どもたちには、他人を思いやる感性は養われにくいのではないかと思う。

家庭の有する教育力も重要である。著者らは兵庫県尼崎市内の小中学校の先生方の協力で、住居と児童の健康・情操・成績との関係を調査し、両者の間には密接な関係のあることを確認した(前掲『居住福祉の論理』、参照)。

居住福祉資源としての居住地、自然・社会環境の持つ教育力、福祉力を再認識する必要がある。

▩自然空間の役割

各種の開発計画、住宅地計画、都市計画、国土計画等では、しばしば土地を単一の目的に利用し、それまでその土地が持っていた居住福祉資源としての使用価値を損なっている。

例えば、海岸を埋め立ててコンビナートにする事業は、海浜の有するさまざまな役割を消滅させてしまった。海岸は、稚魚の育成、海水の浄化、レクリエーション空間等々として数多くの役割を果たしている。地域の中から海浜が消えることは、居住空間を貧困ならしめる。一九七五年、兵庫県高砂市の住民グループによって発表された「入浜権宣言」は、海浜のこうした役割を改めてクローズアップさせた。

古来、海は万民のものであり、海浜に出て散策し、景観を楽しみ、魚を釣り、泳ぎ、あるいは汐を汲み、流木を集め、貝を掘り、のりを摘むなど生活の糧を得ることは、地域住民の保有する法以前の権利であった。また海岸の防風林には入会権も存在していたと思われる。われわれは、これを含め「入浜権」と名づけよう。

第Ⅰ部でも述べたように、これまでの日本社会は、例えば健康は医療によって、暑さ寒さ対策は冷房や暖房などのエネルギー消費によって成立させてきた。だが、サービスや消費の前に、街や村や地域や自然自体が健康・福祉環境資源となる居住福祉社会をつくることが必要である。それが居住福祉資源である。

こどもの心身の健康も自然の回復が大きな要素である。入浜権運動をいち早く報道した本間義人さん（法政大学名誉教授）は『入浜権の思想と行動』（一九七七年、御茶の水書房）で次のような談話を紹介している。

水島生協病院・丸屋博医師「昔は体力のない子に、夏の海で体を灼くよう指導すれば、たいていの子が健康を回復して来たものですよ。それがいま、もうできない。そのうえ工場による大気汚染で体力のない子はますます弱るばかりで、医師としてこんな苦しいことはありません」。

元高校教師で地理を教えていた松本文雄さん「海岸線もまた緑地として大きな役割を果たしていました。広くてきれいな砂浜のほかに松並木があり、アシのはえた湿地は野鳥の天国でした」。海浜が維持されておれば、子どもの心身の発達やお年寄りの福祉や生活環境にどれだけ寄与したか、戦後の国土乱開発の罪は重い。

国民の暮らしと福祉は「社会保障と税の一体改革」などフロー面からのみ論じられているが、健康・福祉資源としての国土の回復が国、自治体、地域の課題とならねばならない。「豊かな国土」とは、列島が巨大都市や高層マンション群やコンビナートや原発や新幹線や高速道路や航空路線や輸入食料品その他の消費文明で覆われることではない。入浜権運動はその過ちを指摘する象徴的なできごとであった。

スウェーデンの土地利用における「万人権」は、「たとえ私有地であっても、耕地、別荘地等以外の土地に第三者が立ち入ることを拒めない」（早川訳『公害研究』一九七九年十月号）とする。これもその例である。

非交換価値的性格の資源

居住福祉資源は、交換価値＝貨幣による評価の困難なものが少なくない。例えば、美しい風景、自然景観、コミュニティなどは交換価値に換算できない。故に、その価値が認識されず、破壊につながる傾向がある。景観やコミュニティは住民運動等によって守られる場合が多い。ナショナルトラスト運動のように、自然や歴史建造物の保存を目的に寄贈・買いとりなどによって入手・管理している団体もある。

森や農地の有する貯水機能を貨幣価値に換算し、その費用の社会的負担を求める主張もなされている。だが、そういう試みはいわば居住福祉資源の貨幣価値への換算であり、負担できない場合はそれを守れない。

コミュニティのようにある特定の人間集団にとって価値を有するものでも、交換価値としての評価が困難なもの、一旦壊されると回復できないものもある。

資源の個別性と普遍性・相互依存関係

居住福祉資源は、時代の経済水準や社会の制度、居住空間にたいする社会の要請、人々の生活様式等々によって変化し発展する一方で、時代、文化圏、社会システム、階層等々の差異をこえた普遍的な側面を有する。人間の感覚や欲求が時間・空間の差異によって本質的に変わらないものであれば、当然であろう。例えば快適な部屋、住宅、美しい街並みは、風土、文化圏、時代、宗教、社会体制、国家、民族に共通のものがある。一方、居住空間の型と生活様式の中に潜む個別性・特殊性を追求しつつ、普遍性を解明・追求していく課題が存在する。

都市、郊外、農山漁村を含む地域空間はさまざまな居住福祉資源的価値をもつが、農山漁村は生鮮野菜、漁獲物等を都市住民に供給する。都市と農山漁村は相互依存関係にある。農山漁村空間の持続・発展は都市の環境保全、過集中、過密状態解消に貢献する。都市は農山魚介物の消費に貢献している。

3　「居住福祉資源」の具体事例

居住福祉資源の事例をあげて考察してみよう。

①人生をとりもどす居住福祉資源——大阪・釜ヶ崎「サポーティブハウス」

大阪あいりん地区（釜ヶ崎）は日本最大の日雇労働者の町である。二〇〇〇年九月、地元の簡易宿泊所（簡宿）のオーナー六人は「サポーティブハウス連絡協議会」を結成した。七棟の簡宿を、専任のスタッフで入居者の日常生活をサポートする賃貸アパート（サポーティブハウス）に転換し、組織もNPO法人化した。

三畳ほどの個室、共同のリビングと浴室、全館のバリアフリー化。そこに高齢者を中心にした元野宿者約六五〇人が住居を定め生活保護を受けて暮らす。各ハウスとも六、七人の相談員などスタッフが入居者の日常生活を支えている。

居住者の言葉に私は感動した。

「夜安心して眠れるようになりました。野宿ではいつ襲われるか分からないので、昼寝て夜起きていました。」

私は今まで住居の研究をしてきたが、安心できる住居は、雨風、寒暑、暴力などから身を守る基本的シェルターとして、人間生存の根源であることを再認識させられた。

野宿あるいは飯場から飯場へとわたる彼らは、結核、肝臓疾患、糖尿病、高血圧など健康破壊がひどい。教育も福祉も受けられず社会的排除の極致にいる。だがサポーティブハウスの設置により、釜ヶ崎に一つの光が射した。安眠、入浴、モーニングコーヒー、配食弁当、通院・服薬支援、安否確認、憩い、年二回の市民検診、一回の結核検診など、住居とサポートを得て彼らは人間復興をとげつつある。

健康と自己をとりもどした居住者は、地域の公園・保育園の清掃、違法看板の撤去、デイサービス送迎バスの洗車など、ボランティア活動に参加するようになった。

NPO代表で「シニアハウス陽だまり」の宮地泰子さんは語る。

野宿のときは町を汚していた彼らが今はそれを片付けています。住居の安定があって初めて自己をとり戻すことができるのです。住居が定まることで、九十八歳の母、兄妹と再会できた人もいます。

人間らしく住む住居の確保と生活支援は、身寄りのない独居高齢男性にとって、野宿から脱出して暮らす人権回復の出発点になっている。

②寺社――まちの中のデイサービス空間

寺社は昔から福祉資源であった。日本人はよくお寺や神社にお参りする。それは強い信仰心によるというよりも生活の中の、いわば「生活習慣的信仰心」とでもいうようなものであろう。

寺社はその存在と行事をつうじて周辺住民の日常生活に浸透している。緑にかこまれた一般にひろく静謐な境内は、地域のオープンスペース、散策、憩い、敬虔な気持ちをやしなう精神的安定の場、コミュニケーション・デイサービス空間、祭り・門前市・縁日などによる人出とにぎわいとレクリエーション、それらをつうじての高齢者の外出の促進、ときには防災・避難空間などなどとして存在している。

例えば、「おばあちゃんの原宿」として有名な東京巣鴨の高岩寺境内にある通称「洗い観音」と参道沿いの商店街は、高齢者の憩いの場「福祉空間」「デイサービス空間」の役割を果たしている。

京都西陣の「くぎぬき地蔵」はたくさんの仏さんが参詣者を見守る。境内では毎月二十四日、地域住民や隣の上京病院の医師らが支える「上京健康友の会」が青空無料健康相談会を開き、伝統ある歴史文化環境に包まれたケア空間になっている。

岡山県井原市の「嫁いらず観音院」は健康ウォーキングの場でもある。境内に入ると高さ七・七メートルの観音像に迎えられる。奈良時代の行基菩薩の開基といわれ、本尊の十一面観音像を拝めば「いつまでも健康で幸福な生涯を全うし、嫁の手を煩わすこともない、という霊験がある」とされ、中高年の参詣者が多い。

本堂の奥から、木もれ日のさす小径をゆくと、「奥の院」がある。その右手から左手へと続くなだらかな丘に、三十三観音像が並んでいる。この石仏群は江戸末期から明治にかけて開かれたと伝えられ、参詣者はお詣りしながら、二〇―三〇分前後かけて丘を越える。「嫁いらず」と命名し、お年寄りを外に誘いだし、観音詣でを楽しみながら、季節の風物に彩られた小山を歩かせて健康長寿の手助けをするとは。先人には知恵者がいると感心する。

全国どこにでもある社寺は信仰空間というよりも、高齢者の安らぎの場であり、〝心のうさの晴らし場所〟〝健康福祉ウォーキング〟の場になっている、と言える。

③駅舎・普通列車の福祉機能

どこの町にもある鉄道の駅は地域社会のコアとして住民の認知度は抜群である。駅舎は列車の乗降場所というだけでなく、散歩途中の休息、雨風雪宿り、夏の日差し除け、待ち合わせ、情報の集結・交換、暖房、新聞・雑誌・飲食物・菓子などの買い物、公衆電話、トイレの利用、そのほか様々の居住福祉資源としての役割を果たしている。宿の当てのない人にとっては、一夜お世話になることもある。何かの都合で列車が遅れたばあい遅延の放送がある。

列車の車内はゆれが少なく座椅子は安定してひろい。トイレがある。発着時刻が一般に正確である。高齢・障がい者、乳幼児、妊婦等々が近隣の駅まで通院したり、高校生が通学するなど地域の人たちにとって、日常の生活をささえる居住福祉資源としての役割をはたしている。

一方、バス停留所には一般に待合室が無く暖房もない。発着時刻も道路事情や天候に左右されて正確でない。雨風のなかのポール一本のバス停で待ったり、人と待ち合わせするわけにもいかない。

駅舎は無人駅になっても生きつづけている。鳥取県の山陰線八橋駅のホームに降り立つと、目の前に瀟洒な三角屋根の建物が目に入る。町がＪＲから無人駅舎を譲り受け、高齢者の憩いの場として改築した「ふれあいセンター」である。

鉄道「駅」は地域社会の核として住民の認知度は抜群で、親しみがあり通いやすい。顔見知りの乗降客が声を掛けていく。高齢者がまちの日常生活にとけこみ社会から孤立していないところがよい。ほとんどが八十―九十歳代。全員自分で歩いて通って来る。強い雨の日でも休むことはない。おやつを食べ、手芸品をつくり部屋にかざる。家が近いので昼食は食べに帰る人が多い。「ここは町の人ばかりで姉妹以上のつきあいです。すべてが自由で好きなことができる。ここにいると一年一年若くなる」と、家が近く鍵を預かり毎朝開け閉めしている米田節子さん（九十歳代）が語る。自主管理である。

鉄道駅の存在は地域社会の拠点であり、住民にとってくらしの支えである。駅から街に伸びる道筋には日常生活を支える商店が並んでいる。駅がなくなるとそれが一挙に消える。駅は、地方で育った人たちには心の故郷でもある。久しぶりに生まれ故郷に帰ってきたとき最初に出会うのは駅である。小さい頃から親や兄弟、知人・友人を見送ったり自分が故郷をはなれた思い出ふかい駅がちかづいてくると、胸がいっぱいになる人がいるのではないか。駅はしばしば小説や映画の舞台になるように、郷愁に満ちた空間でもある。駅舎が昔の姿のまま存在していることの意味は大きい。

駅舎と鉄道は地域の人たちにとって生活に根づいた居住福祉資源なのである。

現在、家や建物の中、道路などの段差、階段などは、障がい者や高齢者、乳母車、体力が弱っている人たちなどにとって移動の自由を妨げる。バリアフリーは高齢社会に向けた時代の課題になっている。だが、交通手段としての鉄道の福祉資源としての役割は余り注目されず、クローズアップしていない。鉄道路線の改廃、普通列車の削減は、まちや村や地域や国土が装置としての居住福祉資源の価値を衰退させている。

政府が生活保護世帯に税金をそそぐのと同じように、暮らしを支える普通列車や駅の維持には社会保障の一環として税金をつかうべきではないか、と思う。

④市場・小売店舗の福祉機能

全国各地で大手スーパーが進出し、市場や小売商店街が閉店に追い込まれている。小売店や市場は、身近で買い物ができる。住民の日常生活を支え、お喋りや相談、助け合い、憩いなど人の交流や生活情報の場にもなっている。お年寄りが店番をするなど、高齢者の働く場になっている場合も多い。客は店の人と相談しながら少量でも買いものができる。

小売商店や市場は一種の福祉空間としての性格を有している。前述の巣鴨商店街はその象徴的な空間といえる。それにくらべ、大型スーパーマーケットは郊外に立地することが多く、何でもそろうという便利さはあるものの、車を運転しない高齢者や子どもに不便である。ひろいフロアーをワゴンを押して商品を探し歩き、黙って買い物籠に入れるだけ。高い棚の商品はとりにくいし、店の人に商品についてゆっくり聞く環境ではない。顔見知りの市場や小売店では魚一切れを売ったり代金をツケにしてくれても、スーパーでは一般に不可能である。

大型店が普及し市場や小売店舗がつぶれると街の福祉機能が奪われる。しかも不況で経営がかたむけば、大型店はさっとひきあげる。地域からは店が一挙に消え、暮らしが成り立たなくなる。その例はいま全国各地でおきている。

大型店は一般にチェーン店をもつ場合が多いので、商品は大量生産・大量流通の性格から逃れられず、長時間保存のための各種添加剤は不可避となる。暮らしには安全な食べ物が必要だが、安全な食料を確保するには、海外などから農薬づけの食物を輸入するのでなく、国内産の新鮮な農産魚介物を、生産者と地元の小売店が直結・協力して、可能なかぎり安全につくり消費者の手にわたるシステムが必要である。

⑤街のなかの公衆トイレ

町にトイレがないと高齢者は外に出にくい。住民がよく知っている場所に、安全で衛生的で快適な公衆トイレがあれば、お年寄りはもっと外出し易くなる。

ＪＲ秋田県鷹の巣駅の近くに広々とした談話室「げんきワールド」がある。元衣料店の空き店舗を改装し二〇〇一年に開設された。散歩や買いものの帰りに立ち寄って新聞を見る、列車の待ち合わせ、高校生は読書や勉強、和室ではお年よりがくつろいでいる。福祉の相談窓口もある。

大きく立派な車椅子用トイレがある。オムツ替えの施設やベビーカーの子ども用便器もある。この町に四カ所あるデイサービスの人たちは、これまで買い物などにバスで出かけるときは他の町に行っていた。市内にはトイレがなかったからである。そういう人たちでも来られるようになった。高齢者、車椅子の人も散歩のときに立ち寄る。痴呆性のグループホームの人たちもここで休む。

このアイデアは高校生などが参加する「福祉のまちづくり懇話会」が立ち上げた。地域の人の写真展を開くなど、多目的に利用されている。厚生労働省の介護予防拠点整備・補助事業である。近くの商店街には「訪問看護ステーション」があり、買い物のついでに立ち寄って相談できる。

私は、どこの町や村にもあって皆が知っている交番や便局や駅のトイレをだれもが利用できたら、高齢者も外出しやすくなるのでは、と考えてきた。「おばあちゃんの原宿」巣鴨商店会の木崎茂雄理事長によれば、一九〇店舗のうち約六割の店ではトイレを自由に使えるという。そうでなければ、一日二万人以上のお年寄りは出てこられない。岡山県の交番・駐在所三〇三の内九六カ所(二〇〇一年三月末)に市民が自由に使える車椅子用トイレがあり増え続けていることを知って感心した。

また、人口五万人(旧市域)の鳥取県倉吉市には二五の公衆トイレがある。牧田実夫・元市長が「水と緑と文化のまちづくり」の象徴として、美しく清潔な公衆トイレを整備した。

次節で詳述することだが、全国の被災地を訪ねて気づいたことは、洋式トイレのある公民館などの各種会館、福祉施設、保育所（大人用）等々のある避難所では健康を害する人がどこでも少ないことであった。鳥取県は、西部地震の二年前にすべての公共施設のトイレを洋式にするよう通達をだし、その整備が進行中であった。偶然とはいえ、そのことが災害時に役だった。

〝高齢社会をよくする女性の会・徳山〟（山口県）は二〇〇三年、「徳山市街地——お出かけ安心ガイド」という小さなパンフレットを作った。「だれもが、出かけたい場所の詳しいガイドがあれば助かります。特に、トイレや建物の入り口付近等の案内があれば安心して買い物、病院、公園の散策などに出かけていくことが出来ます」と、会員が地元学生の協力を得て、公共施設、公園、商店街などの公衆トイレ・身障者用トイレや道路・建物の段差の有無、乳母車が通れるか、車いす用駐車場の有無、ベンチ、坂・段差の表示等々が老眼でも見やすい活字で印字されている。バリアフリーも必要だが、トイレはもっと切実ではないか、と私は考える。

⑥ハンセン病患者による「音のカーナビ」の街づくり

「栗生楽泉園」は群馬県草津町の草津温泉の山間にある。一九三二年に開設された大規模なハンセン病国立療養所である。約七三万平方メートルの敷地に二三七棟の建物がある。一時期は一三〇〇人以上が入園していたが亡くなる人も多く今は約二〇〇人以下になった。

ハンセン病は主に皮膚と末梢神経が侵される病で、視覚障害になる人も多い。だが、松沢清之・盲人会会長は「楽泉園では全盲の人も自由に動きまわれます」と言う。園内の道路交差点にセンサー付きオルゴール「盲導鈴」が五〇カ所あり、午前六時から午後七時まで童謡を流す。各地区、場所、季節で曲は違い、なじみの「雪やこんこ」「雀の学校」などなどが聞こえる。

さらに、すべての住棟、病棟など七〇カ所に「音声表示器」があり、人が近づくと「西一号棟角です」などとアナウンスする。「盲導鈴の曲と街が頭に入っているので、今どこを通っているかわかり、音声表示器でまたわかります」と松沢さん。

ここに至るには様々な苦心があった。最初は道に沿って針金の「盲導線」を張り空き缶を吊るし、その「ガランガラン」という音を聞いたり、鉄パイプの盲人保護柵をつえでたたいたり、目覚まし時計のセコンド音を道端のスピーカーでながしたりしながら歩いたという。その他様々の悪戦苦闘を経て楽泉園は「音のカーナビ」の街になった。

普通の街でも、目の不自由な人たちや視力の弱った高齢者は各種の音を頼りに動いている。聞き慣れた地域独特の人の声やもの音、近所の店の音、ざわめき、電車や車、スピーカーの音、鳥の声や水音、鐘の音など、そして光や風向きや匂いなどに導かれて人は移動する。長年続いてきた町並みが、都市再開発で変貌したり災害で壊され音環境が一変すると、動けなくなる。

音を視覚障がい者のために積極的に利用した楽泉園の試みは、高齢社会の街のあり方を先取りしている。と同時に、冒頭に述べた「居住者の住む能力の発展による住みやすさ確保」の好事例と言える。

以上のいくつかの事例は、居住福祉資源なるものの一端を示したものである。

■居住福祉資源認定証

日本居住福祉学会は、居住福祉の向上に寄与した個人や団体に「居住福祉資源認定証」を贈ってきた。賞金のない小さな賞状だけの賞だが、喜んでうけとって頂いている。以下にこれまでの受賞対象とそのごく概要を記す。それによって、「居住福祉資源」とはどのようなものか、察しがつく（詳細は『居住福祉研究』各号を参照）。

（二〇〇七年度）

栗生盲人会（群馬県・草津）——元ハンセン病療養所を視覚障がい者の創意工夫によって、自由に移動できる居住地にしました。

NPOサポーティブハウス連絡会（大阪市）——簡易宿泊所を元野宿者の生活と人間復興の拠点にしました。

だて地域生活支援センター（北海道・伊達市）——知的障がい者の施設から地域への移住を成功

させました。

巣鴨地蔵通り商店街振興組合（東京都）――おばあちゃんの原宿。商店街を高齢者が元気になる福祉空間にしました。

（二〇〇八年度）

八橋ふれあいセンター（鳥取県・琴浦町）――山陰線の無人駅舎を高齢者の自主的な憩いの場にしました。

南医療生協（名古屋市）――チャリンコ（自転車）隊で空き家を見つけ、グループホームをつくりました。

西和賀町沢内長瀬野新集落（岩手県）――豪雪地帯の集落を集団移転して、居住福祉環境を形成しました。

新潟県中越大震災復興基金（新潟市）――神社・鎮守をコミュニティセンターとして位置づけ、その再建を支援しました。

（二〇〇九年度）

高取土佐街なみ天の川計画実行委員会（奈良県高取町）――「古い町家での雛巡り」など、歴史遺産と高齢者福祉を結び付けました。

長岡市山古志地域（新潟県）――中越大震災による全村避難から、生活・生産基盤としての「帰ろう山古志へ」を実現しました。

（株）リブラン（東京都）――「緑のカーテン」運動などを通じて快適なエコ住環境づくりに貢献しました。

高浜市（愛知県）――日本で初の「居住福祉条例」を制定し、街づくりに新しい視点を導入されました。

（二〇一〇年度）

（株）コミュニティネット（神戸市）――「ゆいまーる伊川谷」は居住する高齢者が地域との連携を積極的に進めています。

元・入浜権運動推進全国会議（兵庫県）――「古来、海は万民のもの」を提唱し、環境保全の先駆的方向性を示唆されました。

（二〇一一年度）

ウトロを守る会（京都府宇治市）――立ち退きを迫られた在日韓国人集落の「居住の権利」を守る活動を展開しています。

医療法人ナラティブホーム（富山県砺波市）――がんや老衰など、末期の人が家族とともにそのときを迎える在宅ホスピスをつくりました。

4　「居住福祉資源」が防災・復興に果たす役割

防災及び災害復興対策と言えば、災害の種類にもよるが、建築・構造物の不燃化・耐震化、道路の拡幅、避難広場、防災公園、防火設備、耐震貯水槽、消防の充実、密集住宅地の解消、ライフラインの強化、日常的な福祉コミュニティの形成等々の他、災害時の行政相互の連絡・対応、自衛隊初動態勢の早さ、情報通信機能などの危建管理体制その他多分野の要因が思い浮かぶ。

住民レベルでは「自主防災組織」「防災福祉コミュニティ」の充実も必要で有意義である。

だが、人々の日常の暮らしや福祉、子どもの発達、地域社会を支えている老人ホーム・保育所・公民館・公共ホテル・障がい者施設等々の公共・公益・福祉施設とその関連施策、地域社会の社寺その他の「居住福祉資源」が、震災時の被災者の避難・救済、復興等に予期せざる大きな役割を果たしていることを、阪神・淡路大震災、鳥取西部地震、新潟県中越大震災、能登半島沖地震等々が明らかにしている。日常の市民の生活・環境・福祉行政の充実が防災にとって重要な施策であることが分かる。

ここでは、筆者による被災地調査を中心に事例をあげてゆきたい。

1　防災・復興の基礎としてのコミュニティ

▒防災・復興資源としてのコミュニティ

これまでにも述べたことだが、住生活は〝ねぐら〟があればよいわけでない。居住の継続、慣れ親しんだまちや村、働く職場、コミュニティによって支えられている。農山漁村では労働が「住む」ことと同義であり、とりわけ重要であるが、日常的には、主婦、高齢者、子どもなど地域に密着して生活する人たちにとって、また定年後のサラリーマンにとっての地域社会の意義は同じである。

阪神・淡路大震災で神戸市東灘区の自宅が全壊し、西区の復興公営住宅に移り住んだ七十九歳女性は震災一五年後の今なお、次のように語る。「死んだ町にいるみたい。しゃべる人がだれもいなくてちっとも楽しくない」。六十歳代女性「震災で住民がバラバラになった。元いたところに戻りたい」(二〇一〇年一月三日共同通信配信)。住み慣れたコミュニティから切り離され、助け合う隣人がいないこと。それが生きる希望を根こそぎ奪っている。元の町に戻らなければ犠牲はいつまでも続くと予想される。復興住宅はねぐらを供給すればよい、という行政当局の住まいの持つ意義への認識不足が大きな原因でもある。

前述の鳥取西部地震の復興対策で当時の片山善博知事は、「第一に住宅が復旧のキーワードと分かり」、「第二に今の場所に住み続けたい」という住民の希いに応えて、全壊世帯に三〇〇万円、半壊一五〇万円の住宅再建資金の補助（県、町、個人各三分の一。日野町は個人分も町が負担した）を決断したのも、コミュニティの中で住み続けられることの援助という要請に応えるものであった。

〝帰ろう山古志村へ〟が実現した要因

地域の人々の暮らしを支えている要素は、歴史的・伝統的に形成されてきた住居、居住地、集落、社寺、農地、その中で培われてきた隣人関係、地域共同体、そこで行われる諸行事、その他、目に見える、見えない様々の居住福祉資源である。それに加えて、近代的な居住空間が暮らしを支えている。

新潟県中越地震で山古志村を初めとする被災者の帰村を可能にしたのは「居住福祉資源」の回復であった。

家屋とともに棚田、養鯉池、幹線道路、農道、河川、灌漑用水、上下水道等々すべての生産・生活基盤が破壊され全員避難を余儀なくされた山古志村で、村民は震災直後から「帰ろう、山古志へ」を掲げた。二〇〇七年九月、四度目の訪問でそれが実現しているのを知って感激した。

帰村を可能にした背景は二つあった。

第一は、上述の基幹施設、生活・生産基盤の復旧である。第二は、木造復興公営住宅・二戸二階建て（セミデタッチメントハウス）及びテラス式二階建て木造公営住宅の供給により、自力で家を建てられない村民が集落に戻れた。

公営住宅は議会で議論があった。高齢夫婦が入居して亡くなった場合、どうするか。山古志村の観光、復興を視察に来る人たちの宿舎そのほか様々な用途に使える。単なる住宅供給でなく、集落再生の一環として公営住宅が位置付けられた。

第二は、労働の場の確保である。人は働かねば生きていけない以上、「居住福祉資源」には労働空間＝本格的ではなくても仕事の場が要る。それらの充実が人々の生命と暮らしを守ったといえる。山古志を初めとする被災者の帰村を可能にしたのは「安居楽業」の保障であり、それは居住福祉資源の回復そのものと言える。地震災害と復興に際しての被災者の救済空間と農地を初めとする労働空間の確保は、居住福祉資源の内容を規定する概念であることを、被災地の経験は物語っている。

2 老人ホーム、保育所、障がい者施設、医療機関

■老人ホームは救護施設

「阪神」では、小学校などの避難施設に逃れそこで我慢したお年寄りなどは、寒くてプライバシーのない劣悪な居住条件のもとで、半年ほどのあいだに九百人以上が亡くなった。だが高齢者の一部は特別養護老人ホームなどに移された。さほど広くない空間で洋式トイレがあり、介護士がいて、避難所では嚥下できなかった固くて塩辛いおにぎりは、施設ではお粥にし塩分を抜いて食べさせてもらえた。からだをお湯で拭いてもらった。避難施設はやがて同じようなサービスを、周辺のお年寄りにもはじめた。老人ホームにはデイケアセンターの併設されているばあいが多く、高齢者の所在が分かっていた。

能登地震の被災地、石川県旧門前町では、いったん体育館などに避難した被災者を順次、小規模の施設――公民館、幼稚園、老人施設、ホテル、国民宿舎等々――に移し、生命が守られた。これらの施設は公共的性格のものが多く、被災者救済活動に融通がきいた。町に八つある公民館では一般に管理人が常駐し、日常的に高齢者の食事会や健康診断が行われ、住民にとってなじみがあり、地震時につれだって避難した。大きな厨房と食料の備蓄と和室と寝具がいくつもあり、

全員の健康と生命が守れた。

▒能登門前町・老人ホームの活躍

老人ホームには、心身機能の衰えた高齢者を日常的に介護する寮母などの老人介護の専門家や栄養士がいる。日常の仕事として高齢者介護にあたり、心とからだの健康と自立を支え、生活を支援している。それが震災時に高齢者のいのちを救うことに力を発揮した。町のなかにたくさんの福祉施設がありそのネットワークができておれば、日常的な高齢者介護のみならず緊急時の救急防災施設としても果たす役割が大きい。

考えてみれば、老人ホームは高齢者の心身と暮らしを支える施設である。生命を守ることはその延長線上にあり、街の中の各種の保健・福祉施設は災害時の「防災資源」となった。

二〇〇七年三月二十五日、能登半島でマグニチュード6・9の大地震が起きた。震源地の輪島市門前町は震度六強の最大の被災地となり、石川県内全壊住宅六八二棟のうち輪島市は五一三棟、そのうち門前町は三三八棟を占めた。だが門前町では、地震による直接の死者、避難所等での災害関連死者は一人も出なかった。その背景には、被災者の避難・救済に際しての種々の公共関連施設の貢献があった。このことを少し詳しく眺めてみよう。

輪島市門前町の特別養護老人ホーム「あかかみ」は入居定員八五人、ショートステイ（短期滞在)二〇人、デイサービス(通所)一五人などを有する施設である。震災の日、デイサービス、ショートステイに来ていた一五人は家に帰れない。さらに役場などの要請で外からの被災者一四人、合わせて二九人を収容した。ホーム入居待機者は三二名いるが、被災者を優先的に入れてくれ、という役場の要請に対応した。幸い、部屋が広いので個室を二人、四人部屋を五人で利用できた。部屋が狭ければ、こうはできなかった。

被災者の収容に際しては別枠で補助があり、滞在期間三—八カ月間の利用料は無料だった。デイサービスは一週間休み、職員の五—六人は役所の要請をうけて外での被災者救済を応援した。

困ったのは、初めてここに入った人である。ショートステイやデイサービスに来ていた老人は心身の状態が分かっていて対応しやすいが、被災して初めてホームに来た老人は、からだの状態や認知症の程度などが分からない。家族も居なかったり連絡がとれなかったりで、聞けない。日常的にホームでの高齢者の定期検診などが行われておればこのような不便は生じなかった。門前町には他に「ゆきわりそう」「みやび」(ユニットケア)「百寿園」「あての木」など計五つの特養がある。それぞれ経過は違うが、被災者の救済に貢献した。

特養「あかかみ」の介護主任・小林育洋さんは、「こんなふうに避難所として利用することになるとは思ってもみなかった」と言われた。

■被災者救済に貢献した公的保育所

門前町の「くしひ保育所」も輪島市立である。園児七三人、保育士九人、給食係二名、計一一人の職員がいる（二〇〇七年現在）。震災時、約百人の被災者がここに避難した。地域の住民は孫の送迎などに来ていて保育所はよく知っており、避難者同士も顔見知りなので居心地は良かった。各地区ごとに二十数人ずつ四つの部屋に分かれて宿泊した。大きな避難所では知らない人がまわりにいて、ストレスが発生し体調をくずした人がいたが、ここではそういうことが全くなかった。男性の保育士が一人いて、大人用の洋式便所が二つあったことも幸いした。

○——一歳児は這ったり裸足で動くので保育室は床暖房になっており、高齢者には快適な住み心地であった。他の二室も救援本部に申請して電気カーペットを敷いた。保育士は普段から幼児に優しく話しかける習慣がついているのでお年寄りにも同じ態度で接し、話を聞いてあげるなどして極めて好評であった。中村洋子所長は「お年寄りにとっては最高だったのではないか」といわれたが、恐らくそうだったであろう。また、弁当を温める設備があったので、配給された弁当はここで温めて提供した。おしぼりを温めて拭いてあげて、ほっとしたと言われた。

この保育所は市立であった。そのことが、避難所と災害対策本部相互の連絡を容易で密にし、被害状況が伝えられた。地震の三日後の三月二十八日、園児の修了式には避難者も出席し、園児、避難者双方にとって思い出深い行事となった。門前町には他に、松風台保育所がある。ピーク時四〇人が避難し、一週間で出ていくことができた。

政府は自治体による「福祉避難所」指定制度を設けたが、私は日常の生活を守る行政施設すべてが福祉避難所となり、防災対策につながると考える。

▒盲老人ホームが被災者救済に果たした役割

神戸市内の六甲ケーブル下駅近くに、養護盲老人ホーム「千山荘」がある。市内でただ一つの定員五〇人の施設である。

千山荘は、ショートステイ利用者の名簿や視覚障害者福祉協会からの連絡で、空き室利用や敷地内に緊急仮設住宅を建てることで、市内全域から五〇人ほどの被災者を受け入れた。ホームには米など食料の備蓄、プロパンガスなどがあり、避難所や半壊の自宅で生活できなかった盲の人たちの救済拠点の役割を果たした。震災から一二年を経て日常に戻った千山荘で、鷲尾邦夫施設長も交えて二〇人ほどの入居者と懇談した。

入居時は勝手がわからずいろいろなところにぶつかってしまい、生傷が絶えなかったが、今はからだが覚えていて、トイレも入浴も洗濯もひとりでできる。「住み慣れた環境が一番です」。朝食前などには遊歩道の手すりを伝って、敷地内の地蔵さんにお参りする。中には一人でバスに乗って市場へ買い物に行く人もいる。街の匂い、音、人の声、店の出す音、歩数などをたよりに動く。

慣れた街だとカンが戻ってくる。

一方、このホームは建物にも職員にも満足しているが、市街地から離れていて外出するのが難しい。このままここにいるか、街に戻るか迷っている、という人もいた。もし街の中に盲老人ホームがあれば、入居者の行動範囲はもっと広がり、地域の人たちとの交流がふえ、自立性も高まるだろう。

年をとれば、誰でも視力が衰える。足腰も弱り、歩行が困難になってくる。年をとることは障がい者の仲間入りをすることでもある。各種障がい者施設が街の各所に存在すれば、災害時の救済拠点としてだけでなく、すべての者に住みやすい街になる。

千山荘入居者の経験や要望を高齢社会の課題として受け止めると、まちづくりも新しい視点から取り組むことができる。「まちを福祉の目で見る」ことが必要である。

町なかの医療機関の役割

病院や診療施設も同じである。医療機関はもともと人の健康を守り命を救うのが使命である。そこには、気力や体力が弱り、病いをかかえた人たちが来る。心身の不自由な老人、障がい者、乳幼児を抱きかかえた母親が来る。医療施設までは自分の家から安全で便利に行けることが望ましい。

また「阪神」の話になるが、震災時、町のなかの医療機関は大勢の負傷者の手当てをし、命を救った。しかし、三次救急病院として緊急時に対応する役割を受け持たされていた中央市民病院は、一九八一年に新神戸駅前から人工の島ポートアイランドに移されていた。

当時、元病院長は、体の弱った患者の来る病院は最も便利な場所にあるべきだ、市長は気が狂ったのではないかと猛反対したという。その心配どおり、地震でモノレールは落下し、交通は遮断され、島外から負傷者を搬送できず多くの生命を救えなかった。医師・看護師は、だから言ったではないか、と病院移転を強行した市政を改めて批判したといわれるが、人命救助のできなかった無念さは大きかったに違いない。

町の中に診療所や医院や小病院が沢山あることは、高齢者や乳幼児や妊婦や病人・障がい者などにとって医療を受けやすい福祉のまちづくりにつながる。在宅医療にとっても重要である。それが、緊急時には人の命を救う防災拠点となる。このことは、日本全体の町づくりについて言えることである。

▓福祉避難所の役割・性格と課題

阪神・淡路大震災での経験を受けて厚生労働省は、高齢者、障がい者、妊産婦、乳幼児、病弱者のために「特別な配慮」のなされた避難所を「福祉避難所」とする制度を設け、市町村が福祉施設や小中学校、公民館、特別支援学校、ホテルなどを指定することになった。二〇〇七年の能登半島沖地震の際の石川県輪島市が最初であった。開設期間は災害発生から最大七日間である。福祉避難所には食料や水などの他、一〇人に一人程度の職員が相談や介助に派遣される。費用は国庫負担である。

東日本大震災で「福祉避難所は機能したか」という特集記事(『福祉新聞』二〇一一年八月八日)によれば、例えば特養、ショートステイ、デイサービスを合わせた定員一二〇人の仙台市若林区の特養「チアフル遠見隊」は、市と福祉避難所としての協定を結び、〝災害時に果たすべき役割を意識していたので〟最大五〇人の避難者を受け入れた。震災直後から、職員らが近隣の小中学校などの指定避難所を巡回し、自宅から体育館に避難していた高齢者を施設に誘導した。

一方、同記事によれば、〝震災後の指定で現場は混乱〟〝多くが被災で運営できず〟〝一週間での退去は次の行き場が問題〟等々の問題点を指摘している。しかし、最大の課題は指定率の低いことで、二〇一〇年三月末現在、全国の一七五〇市区町村のうち一カ所でも指定しているのは五九五(全市区町村の三四%)に過ぎない。理由として、「福祉避難所を指定する受け皿の絶対量が少ない」という担当者の声を紹介している。

著者が六月末に訪れた仙台市内のある公民館には〝周辺住民三〇数人が避難して来たが、指定・福祉避難所でなかったために食料その他の配給は一切無く〟、館長が個人的に走り回って集めたという。

▩日常からの福祉施設充実の必要

同紙面はまた、「転々とする発達障害者、避難所生活になじまず」という記事を掲載している。東日本大震災で自閉症など発達障害のある人たちは、環境が変化すると不安になる。パニックを起こすこともあるため、避難所に入らず自家用車で過ごしたり知人・親類宅を転々としたりする人が少なくない。彼らはいわば「環境弱者」で、家を失うことは住むところに困るというだけでなく、「いつもの自分でいられなくなる」ことを意味する。ある母親は十数人と連絡をとったところ、避難所に入った家族は一組のみ。「避難所では普段どおりにできないので、それによる二次障害が心配。仮設住宅も一戸一戸が密接しているので、安心できない」。

被災した発達障がい者は、普段の自分をどう取り戻すか、場所が確保できるかが支援の要であった。日本発達障害ネットワーク副代表の辻井正次・中京大学教授は「発達障害のある人が普段通い慣れている学校や福祉サービスの事務所をあらかじめ避難所に指定しておくことが大切」という。

災害時において、一般市民もそうだが、とりわけ「災害弱者」と呼ばれる高齢・障害・認知症等々の人たちの救済において、各種福祉施設や保育所や公民館などの果たす役割の大きいことが、いっそう明らかになっている。それは、著者が全国の被災地を訪ねた折りに見聞し痛感したことでもある。

■地域防災資源としての「麦の郷」

和歌山市内を中心に「麦の郷」と呼ばれる、一歳半の障害のある幼児から、障がい者、高齢者、不登校児、ひきこもり青年等への生活支援、労働支援、発達支援にとりくむ、四〇近い施設、事業所を抱えた福祉団体がある。「コングロマリット」と揶揄されるほど多面的な機能をもつ福祉団体であるが、最初からこのような事業を展開しようと思っていたわけでない、一九七七年、六畳一間の長屋から出発し、障がい者、家族との出会いから、「ほっとけやん」（放っておけない）として市民が必要なものをつくってきた、という。

阪神・淡路大震災のあとの平成十七（二〇〇五）年十一月二十一日、和歌山県西和佐地区連合会（会長・楠見多喜夫）と社会福祉法人一麦会「麦の郷」（理事長・田中秀樹）は、大橋健一和歌山市長に対し、次のような要望書を出した。

時下、ますますご清祥のこととお喜び申し上げます。日ごろは、障害者・高齢者福祉の増進に御尽力いただきましてありがとうございます。つきましては、私たち（社会福祉法人一麦会「麦の郷」の提案でございますが、災害時要援護者（災害弱者）対策について、以下のようなことを考えています。

1　高齢者（特に一人暮らし）障がい者の方たちの避難場所として、その地域にある福祉施設の活用を考えてみてはいかがでしょうか。

2　福祉施設には人材や給食など二〇〇人用の設備があります。

3　また、職員等一二〇人の専門性を活かすこともできます。

4　地域の民生児童委員や、連合自治会とのネットワークもあります。

5　ライフラインが不通でも、麦の郷に限って言いますと井戸水が使用可能で、プロパンガスさえあれば給食可能です。（その後、自家発電設備を備える）

以上、ここで問題となるのは要援護者宅を知る上で（マップを作る）、個人情報保護法が壁となって適切に把握できません。市長さんの御賢明な御判断による御指示をお願いいたします。また、各地区に普遍化できれば幸いと存じます。和歌山市西和佐地区人口は五一八一人。うち七〇歳以上人口は七四八人です（平成一七年七月現在）

その後、和歌山市岩橋八自治会は二〇一〇年四月に岩橋防災ネットワーク（森繁孝会長）を結成、災害発生時に「麦の郷」と連携し避難する地域防災システムを立ち上げた。同地域は河川に囲まれ、急傾斜地や田畑・沼などの低地に住宅が立ち並んでいるため、地震による崩落、宅地の液状化、台風などによる洪水の危険がある。消防車が入れない狭い道も多い。同ネットワークは全八百戸に防災手帳や避難所マップなどを配布している（『わかやま新報』二〇一一年一月二十五日）。

前出東日本の被災地でも、災害時に一般的な避難所で過ごせない障害をもつ被災者は、周りの理解が得られずしばしばたらい回しにされ、心身の健康を害していく。独居老人、虚弱老人は開放的な空間の体育館では過ごせない。精神障がい者は睡眠剤が必要だが、専門職がいなければ対応できない。

全国各地の各種福祉施設には、医師、保母、保健師などの専門職、井戸水、自家発電の可能な施設などの人的・物的社会資源＝居住福祉資源が存在する。施設一般もそうだが、「麦の郷」のような町の中の福祉施設群ともなると、「福祉力」は極めて大きく、かつ被災者は住み慣れた、知り合いの多い地域に避難し、介護を受けることができる。

「麦の郷」の人たちは、自らの有する被災者救済能力を「防災資源」として自覚し、社会的に活用してほしい、と要望しているのである。だが、六年後の現在も行政からは反応がない、という。

これまでにも述べてきたことであるが、障がい者や高齢者の健康や福祉の延長線上に、生命の安全がある。各種の福祉施設が日常的に街の中に充実しておれば、「被災弱者救済施設」としても大きな役割を果たし得る。「麦の郷」の提案は、日常的役割の延長線上に被災者の救済があることを訴えている。

しかし、福祉施設への避難が必要なのは、居住環境の影響の大きい人たちだけでなく、被災者一般に言えることである。宮城・岩手大地震で高齢者季節居住施設が快適な避難居住施設として貢献したことなどを見れば、そのことが分かる。要は日常、住民が過ごしやすい居住施設をどれだけ整備しているかによる。「防災対策」は特別のことでない。仏教で言う「平常心是道」である。

(「麦の郷」の詳細は、伊藤静美・田中秀樹・加藤直人『障害者・高齢者と麦の郷のこころ——住民、そして地域とともに』居住福祉ブックレット8、二〇〇六年、東信堂を参照)

3　日常の公民館・公共ホテルが被災者救済に貢献

■いのちを救った公民館

公民館などの公的施設が被災者救済に果たした役割も大きかった。

門前町の八つの集落には、それぞれ公民館がある。公民館には非常勤の館長と常勤の主事がいる。各公民館には二〇畳前後の和室が二—四室連なっている。そこに多くの被災者が避難した。どの公民館も日常的に血圧測定などの健康診断、転倒予防教室、敬老会、食事会、高齢者グラウンドゴルフ、パソコン教室、カラオケ教室、また生活支援センターなどに利用されている。また、いずれにも厨房があり、普段から近在の人が集まって食事をとりながら歓談し、さらに地域の高齢者に配食サービスをしていた。このような日常の活動によって、地域住民の公民館への認知度は高く、災害時にはまず公民館へと自然に集まった。避難時もこの厨房で炊事ができ食事をすることができた。

門前町の公民館が被災者救済に貢献した背景には、上記の量・質にわたる良好な居住性と、日常的利用による認知度の高さがあった。公民館は、小学校の体育館などと違う快適な和室、やわらかい布団があり、什器の揃った大きな厨房、快適なトイレや浴室があり、天井が低く、電気がきていたので暖がとれた。

門前町の高齢化率は震災時四七・七%で、自立できない人がいる。地域の福祉関係者、民生委員、健康推進員は福祉マップをつくって日ごろから見まわり、居住者の特性を書き記していた。震災時にその人たちが担当の区域に入り、高齢者などを公民館に連れてきたことも被災者の避難に寄与した。地域によっては今なお見られる、冠婚葬祭、集落の寄り合い、その他の日常的利用のために管理者にいちいち鍵を借りにいくような公民館では、住民の認知度が低く、このような役割を果たせなかったと思われる。

人口の過疎化が進む中山間地域や地方都市では、以前は小学校が地区センター的役割を果たしていたが、統廃合の増えた現在では公民館が地域のコアとしての位置を占めている。門前町では、館長の方針によっては九―一七時の間、鍵をかけない公民館もある。住民によって支えられているからであろう。地域に密着して日常的に利用されていた公民館が、災害時に防災拠点・防災資源として活躍した。

▨公共ホテル・国民宿舎

能登・門前ファミリーイン「ビューサンセット」は設立当初は市立のホテルであった。現在は指定管理者制度による財団法人になっているが、市長が理事長を務めており、市営ホテルとしての性格はのこっている。能登半島国定公園に位置し、日本海に沈む夕陽が一望できる大浴場と展望台のある風光明媚なリゾートホテルである。大浴場の温泉は市民にも開放されており、入浴料を払えば日常的に利用できる。

震災時、西小学校に避難していた被災者が始業式が始まる前に、また保育所の新学期開始などから四〇人ほどがこのホテルに移住してきた。高齢者が多かった。家族単位での部屋への入居はプライバシーをはじめ居住性が確保でき、小学校避難所の居住条件の悪さに比べて最高の居住条件となった。震災後、外からの観光客はすべて断り、ホテルは地震のあった三月二十五日から五月三十一日まで休館した。展望大浴場は、地元の人たちに無料開放した。

ホテル経営者は、このようなことは民間では不可能だろう、という。
①予約も含めて長期にわたり観光客を断る、などということは経営上できない。
②家族が長期に客室を利用すると部屋が汚れる。事後の対応が大変である。
③料金が入るわけではない。市の関与したホテルだから可能であった。財政上の補填は開発公社がした。

国民宿舎「能登つるぎぢ荘」も同様の対応をした。一九室、九七人収容できる。もうひとつの国民宿舎は閉鎖され、ここだけがのこっていた。震災時四〇人が避難し、一部屋三人ずつほどで一五室を使った。断水したがここには給水タンクがあり、プロパンガスは使えた。地区の婦人会の人たちが手伝ってくれた。小学校の体育館でノロウイルスが発生し、看護師二―三人と一緒に移住してきた。避難者が帰りだしてからは、工事関係者二〇人ほどが一〇日前後宿泊した。全員無料であった。費用は公社に請求した。これも市の経営であった。

ここにも二つの教訓がある。第一は、まちの中に各種生活環境・福祉施設等のネットワークの存在することが、防災の基盤をつくっていることである。輪島市門前町での避難施設の内訳は、公民館八、会館・集会所五、宿泊施設二、保育所二、小学校一、保健センター一、児童館一である。

公民館、老人ホーム、保育所、ホテルなどは、個室、和室、厨房、介護士、保育士、ホテルマン、周辺住民の協力などを得ることができて居住性のよい避難場所となった。居住性のよくない小学校などからはなるべく早く他の施設に移すようにした。そして、これらの施設には「避難所」という掲示のあるものもあるが、日常的には災害時の避難所とは考えられていないものが多かった。

第二は、公共的性格の施設であったこと。門前町の避難所が被災者の収容や職員の外部支援など被災者救済に多面的な役割を果たした背景には、名目や経営主体が変わっても実質的には公的性格の施設であるということがあった。それがストレスの少ない安心できる避難生活、救援対策本部との連絡・調整、施設職員の災害対策への協力要請への対応などを可能にした。私立であればこのようなスムーズな対応は困難であった。

現在、日本社会のあらゆる分野で民営化が進んでいる。指定管理者制度はもとより、民と官で担う「新しい公共」、NPO、コミュニティビジネス等々の論議も盛んである。だが、門前町諸施設の公的性格が果たした潜在的防災力としての役割を見るとき、防災に限らない多面的な可能性のある存在として受け止めておくべきであろう。また、これらの活動も日常的に自治体との連絡を密にしておくことが必要であろう。

東日本大震災では、避難所としてホテル、温泉旅館等が被災者のために活用された。

4 公園・公共住宅団地・学校と防災

▩消防体制と公園

神戸市長田区はケミカルシューズの工場が密集し、可燃物が山積していた。阪神・淡路大震災でいったん燃えあがった火の手はつぎつぎと燃えひろがり、空たかくたちのぼる火炎と黒煙はテレビの視聴者をくぎづけにした。そのとき消防士はホースをかかえたまま「水が出ない」と叫んでいた。なぜ水が出ず、火を消せなかったのか。

第一は、市消防局自身が懸念していたように、神戸市消防力の低水準にあった。地震時の火災の発生や延焼区域の予測についての消防局による調査結果は一八頁で紹介した。防火用水槽、消防職員数、消防設備を合わせた消防充足率は四六・七%。給水タンク車は三・五トン車一台、二トン車四台、二トン用給水タンク四台、一トン用二三台、簡易トイレ四台にすぎなかった。

第二に、神戸市には九百数十カ所の地下防火水槽があったが、そのどれにも水は一滴も入っていなかった。法律で決められた広域避難広場をもつ地下耐震貯水槽はひとつもなかった。横浜市はすでに六一基を完成し、五一基が計画中であった（一九九五年当時）。

第三に、このような消防力と防災体制の弱体に加え、公園の少ないことも大きな原因であった。

神戸市は、市民一人あたりの公園面積は一五平方メートルで、東京都と一二政令指定都市（当時）のなかではトップと宣伝していた。だがそれは、ポートアイランド、六甲アイランド、西神ニュータウンなど新規開発地の大規模公園や六甲山森林植物園を公園に指定したうえでの数字で、本来の公園と呼ぶべき住宅街の公園（住区基幹公園）は公園全体の二二％にすぎず、長田区では一人一・六一平方メートルしかなかった。それでも長田区の小さな公園で火が止まったことを考えると、周辺部の巨大開発には力を入れるが中心部の整備はほとんど放置してきた市政の責任は重い。

住宅地の中の公園は、日常はオープンスペースとして、子どもの遊び場、お年寄りや主婦の憩いの場となり、また通風、日当たり、緑陰をつくり地域の気候をやわらげるなど、生活環境の向上に役だっている。そして、震災時には火事のひろがる延焼防止空間として機能する。それが、震災後の神戸市では困難となった。震災後の復興都市計画では住民の反対を押し切って、一ヘクタールの防災公園が土地区画整理によって計画された。このような大規模な公園はたどり着くまでの距離が遠い、日常的に役立たない、などの欠陥をもっている。日常、市民の居住・生活環境に無関心で、ことさらに防災公園をいうのは偽物である。

避難拠点としての公共住宅団地

このような目でみていくと、沢山のことに気が付く。

たとえば、自治体は震災時の避難場所を指定している。公園、墓地、社寺仏閣、競馬場、河川敷、庭園、大学のキャンパスその他さまざまだが、その中で公営、公団、公社等の公共住宅団地がある。住宅団地は物理的空間としては、日常的には、居住、遊び場、老人の憩い、緑陰、大気の清浄化、静けさ等々を提供すると同時に、災害時には延焼防止空間、避難拠点等々の役割を果たす。

東京二三区で最も都営住宅の多い足立区について見ると、災害時の避難場所は、東綾瀬団地一帯（避難計画人口四万七九〇〇人）、花畑団地一帯（一万九二〇〇人）などの都営団地（一部周辺を含む）が計一二カ所、避難人口二一万四二〇〇人で、これは足立区の計画避難場所全体二九カ所の三四％、避難人口全体六二万六〇〇〇人の約四割を占める（二〇一一年現在）。

住宅団地が避難広場になるということは、ひろいオープンスペースがある、住宅が地震で倒れない、不燃構造で燃えない、と予測されているからであろう。民間のマンションがしばしば周辺空間をくいつぶしながら建つのとは大きな違いである。

このことはつまり、これらの公共住宅団地居住者は、日常からオープンスペースのゆたかな良質の住環境に住んでいるということである。過密で燃えやすい危険な住宅地が避難所になりえないことを考えれば、その理屈は明らかであろう。

住宅団地を最初から防災・避難広場と位置づけ意図的に計画するケースは少ないだろうし、設計者の意識にあがることもないであろう。東京都防災計画の一環として計画された台東区白髭団地のような例は稀だろうと思う。

つまり居住者や周辺住宅地に寄与する良質の生活環境の住宅団地をつくることが、結果として防災にもつながるということである。その点では、自治体や公団などによる公共住宅団地が地域内外の居住環境形成に、ひいては防災に果たしている役割は評価されなければならない。

■防災拠点としての「道の駅」

国土交通省がすすめている「道の駅」の防災拠点としての役割が注目される。「道の駅」は長距離バスやマイカーには欠かせない存在である。トイレ、飲み物、食事、休息、地場の物産等々、知らない人はないだろう。二〇一一年八月現在、全国には九七七の「道の駅」がある。

道の駅の多くは国道（約八割）などの幹線道路沿いに位置しているので、災害時は土地勘のない人々の一時避難所となり得る。中越地震では、被災直後から会議室等を避難所として活用、駐車場での仮設住宅の設置、道路情報や被災情報等の発信拠点、無料温泉サービス等々の役割を果たした。

「道の駅」は意図せずに防災資源としての性格を有している点が注目される。特産加工品店などを併設していて食料を備蓄しており、水や温かい料理を提供できる。公園・広場を併設している場合も多く、テントや仮設住宅用地として、また宿泊施設を併設する場合は仮設住居として活用できる。バリアフリーに配慮した施設が多く、高齢者や障がい者の一次避難所としての役割も大きい。広い駐車場はヘリポートとしても使える。一般に高台に位置しているので水害の心配がない。自衛隊の前線基地にもなり得る。

国交省の話では、今では地域の市町村の防災計画と連携して展開しているという。例えば、栃木県の道の駅「みかも」は、地上には飲料用給水タンク、地中にはトイレ用貯水槽を設け、飲料水、災害用トイレ、非常用電源を確保し、一次避難所として七〇〇人が三日間避難可能、東北自動車道・国道五〇号から運ばれてきた救援物資等の集約・分配、首都圏大地震の時の北から首都圏への支援物資輸送拠点等々を挙げている。毛布その他を備蓄している市町村もある。

▒学校と防災

いずれの震災でもそうだが、最も多い避難所は学校の体育館である。だが広く天井の高い体育館は人の住む場所になりえない。東日本大震災の避難所について新聞は、〝避難所・蒸し風呂状態――被災者悩ます暑さ、腐臭、ハエ〟等々と報じた。一方、「阪神」での経験もふまえ、学校に食料を備蓄するなど防災拠点にする計画も進められていた。それも必要だろうが、学校に防災面から特別の配慮をするという発想の前に、次のようなことを考えるべきだ、と私は思う。

例えば神戸市教職員組合は震災の経験をつうじてわかった教育体制の現状について、問題を提起している（斎藤浩志監修『学校と防災――神戸からの提言』一九九七年、神戸新聞総合出版センター）。それとからめながら筆者の考えを述べてみたい。

①給食の自校方式

避難者はパンと牛乳、冷たく貧弱な弁当を長く強いられた。「もし各学校の給食設備を使って温かい食事を提供できていたら、各学校にランチルームがあってそれが使えていたら」（提言）、食生活はかなり改善されたはずだ。

近年、多くの学校は給食の自校方式を廃止し、外部の業者に委託するセンター方式に変えている。センター方式は、いくつかの学校をまとめるので多い場合は十数校、一万数千食を一つの工場で作る。数日前から材料を仕入れるのでいろんな弊害が出る。野菜類はしなびないように大きな遠心分離機で脱水するのでビタミンなどの栄養分が抜け、水っぽくなる。キャベツなどは次亜塩素酸ソーダで殺菌するので残留成分がのこり、健康によくない。生野菜は食べずに、ボイルする。揚げ物などが多くなる。作る場所と食べる場所が離れている、大量につくる、などの理由から早くから食事を作る。食べるまでに三時間ほど経っていることが多く、その間に変化が起こる。食中毒の危険がある。職員が学校給食にかかわる機会がなくなり、こどもの健康状態に配慮した食材を使うなど教育の一環としての給食の性格は消える。

これが自校方式であれば、家庭の食事と同じ発想で食材が使える。温かいものは温かく、冷たいものは冷たく給食できる。万一食中毒がおこっても、センター方式での被害は大規模になるが、自校方式は小規模ですむ。

センター方式の校内には給食設備がなくガスも水も使えない、お湯も沸かせない。茶わんなどの什器もない。小学校独自で献立・調理のできる自校方式を採用し、ふだんから児童に、温かく教師の目の届く楽しく健康的な食事を給食していれば、災害時の被災者の食事にも貢献したであろう。

このことは、学校は日頃から避難所としての設備を備えておくべきだ、ということとは違う。日常の児童の健康への配慮が、結果として被災者のいのちと健康を守るということである。

②地域社会と学校の交流

阪神・淡路大震災のあと数カ月に及ぶ避難生活のもとで「学校という存在が地域のなかでいかに大切かがわかった」という声とともに、「学校は閉鎖的なところだった」という声も聞かれた。学校が地域の避難・防災拠点に位置づけられていなかったからといって、責められるべきではない。問題は、日常から学校が地域社会の中にどれだけとけこんでいたかである。小学校の統廃合に反対する教職員組合が反対署名をもらいにきたが、断った大学教授がいた。日ごろ、その学校の施設を使わせてほしいという地域住民の要求に一切耳をかさず、いまさら何をというのがその人の言い分であった。一般に児童の減っている現在、空き教室を利用した地域住民の集会室、デイケアセンターなどの高齢者施設、休日のプールや図書室の開放その他、地域住民とのむすびつきをこの機会に考え直すべきであろう。地域社会の中の学校という位置づけが必要である。

地域と学校を考えるうえで、学校規模・生徒数は重要な要素である。大規模な学校では校区は当然広くなる。広い校区では学校は地域からは遠い存在にならざるをえない。子どもたちの通学時間も長くなる。子どもと教職員のかかわりの密度が薄くならざるをえない。日常の児童や家庭と学校との交流が、非常時の対応を可能にする。

障がい者が留まれなかった学校

「東日本」もそうであったが、「阪神」でも、学校に避難した障がい者は何日もそこにとどまることができず、再びほかへ移って行った。学校は軽度の障がい児の養護クラスをもつ場合もあるが、多くは健常児向けにできていて、車いすで使えるトイレもスロープもない。避難した視覚障がい者や肢体不自由者にとっては、危なくて歩ける状態ではなかった。

震災後なんらかの場所に避難した心身障がい者は約四割だが、そのうち再移動した心身障がい者は六割を占めた。避難所から再移動した時期は「三日以内」が四割、「一週間目まで」が五割、「一月目まで」が約七割である。障がい者たちは、傾きかけたわが家、養護学校、盲学校、ろう学校などへ移っていった。それでも安心できる避難所に恵まれなかった障がい者は再々移動していった（「心身障害者生活実態調査報告書」一九九六年十二月、神戸市市民福祉委員会）。

大震災から二、三日すると、多くの障害者が避難所では暮らせないと去っていきました。また地震の直後、近所の人から避難所へ行こうとさそわれても、出かけることのできない障害者がたくさんいました。神戸市の障害者入所施設を地図の上で見ますと、北区と西区に集中しています。須磨区と中央区にもありますが、いずれも奥まったところです。街の中に障害者施設があればそこへ避難した障害者も多く、そこには障害者の対応に長じた人たちがいるのですから、安心して避難生活ができたのではないでしょうか。住んでいるそばに障害者や高齢者の福祉・医療施設があれば、日常的にその地域の障害者や高齢者との結びつきがあり、交通が分断されているとき、大きな働きをすることができたと思われます。

（黒津右次『みんな輝け――黒津先生の障害者教室』一九九六年、せせらぎ出版）

障がい者施設だけではない。もしすべての学校が日常から障がい児童を受け入れる統合教育を実施しておれば、スロープや手すりがもうけられ、障がい者、高齢者、病弱者にもある程度対応でき、避難者を締め出すことにはならかったであろう。また障がい児を受け入れる学校は、一般の児童が骨折したとき、先生が妊娠したとき、障害をもった父母や高齢の祖父母が学校参観にきたときなどにも対応できる。

■遠距離通勤と防災

「阪神」では、震災時、交通手段が断絶し、道路も大渋滞が続くなかで教職員の通勤は困難を極めた。「通勤時間が三〇分以内であることが、日常の教育活動はもとより非常時にも有効に活動するために適切です」という前記『学校と防災』の提言は、日常の教育からも重要な指摘である。

一般に遠距離通勤は日常の健康を阻害したり生活時間や家族生活を奪う。『住宅貧乏物語』では、勤労女性の遠距離通勤が異常出産などで母体を損なう事実を見た。その非人間的通勤が災害時に防災の大きな障害となる。「阪神」は朝の五時四六分で、大抵の家族は一緒にいたから家の倒壊後、互いの安否を確認したり救いだしたり死を見とどけることができた。近所の人の助けも得られた。家族そろって学校に避難することもできた。もしこれが昼間であれば、犠牲者の甚大さもさりながら、父は職場、子供は学校や塾、主婦は家などと離ればなれになっていて、悲惨で残酷な事態が無数にくりひろげられ、社会全体が大混乱に陥ったことであろう。

現在多くの家族は子ども、老祖父母、両親、兄弟姉妹などが日常的に接触できない一家離散同様の状態に追い込まれている。家族みんなが下宿人のようになっている。遠距離・長時間通勤は勤労者自身の疲労の回復、家族の団らん、子どもの成長、老人の福祉、コミュニティの形成などに大きな弊害をもたらしている。昼間の地震によって予想される悲劇は、その日常生活の濃縮した姿とみるべきであろう。

いま「帰宅難民対策」が議論されている。それも必要であろうが、この際帰宅難民の生じない都市づくりを考えるべきであろう。その検討を放置して「帰宅難民対策」を論じるのでは限界がある。むろん長期にわたることだが、根本的対策にとりくむべきである。

▩保健師の活躍——ソフトな居住福祉資源

「東日本」で保健師の活躍が報じられた。保健師は家庭を訪問して妊産婦・乳幼児の健康相談、児童虐待の防止、身体障がい児等の療育相談、在宅ケアの必要な精神障がい者、難病患者、高齢者の訪問保健相談など住民の暮らし全体を対象とした保健・福祉に携わる公務員である。公衆衛生活動の中心的機関として、地域住民の生活と健康に重要な役割をにない、多くは保健所や市町村保健センターなどに所属し、全国どの地域でも活躍している。

保健所数は全国で四九四カ所（二〇一〇年現在）、市町村保健センターは全国一七二六カ所（二〇〇八年十月現在）に設置され、地域住民に身近な母子保健や生活習慣病対人保健サービスを総合的

図表13　保健師による大槌町全戸訪問調査（2011年4月27日／撮影・山口幸夫）

に行う拠点で、市町村レベルでの健康作りを推進している。保健師の数は全国で四万三四四六人である（人口一〇万人当たり三四・〇人の割合、「平成二〇年末保健衛生行政業務報告」）。

災害時の健康危機管理も含まれる。小中学校の体育館などに避難した高齢者、病弱者、障がい者などを発見し、老人ホームその他へ移動させる判断をする中心は保健師で、日常の保健活動の延長線上に被災者救済の活動があった。

被災した岩手県大槌町では、同町出身で地元で二八年間保健師をしていた鈴木るり子さん（岩手看護短期大学教授）の呼びかけで、全国から一四一名の看護師が手弁当であつまり、大槌町の全戸訪問を行った。鈴木さんは自宅も流されていた中、全町民の安否と健康状態を把握し復興に生かすためにと、四月末から五月に調査を行っていた（図表13）。

高齢者などを劣悪な居住環境の避難所から環境条件のよい施設に移す際、老人介護専門職の中には〝六十五歳以上の人は手を挙げて〟などとの対応も一部で行われたというが、個々の家庭を訪問し乳幼児から高齢者まで幅広い対象者の健康維持に携わることが使命の保健師には、年齢は関係がない。避難者の顔色を見て判断していった。

わが国の保健師業務には、西欧諸国が行っているような健康から見た住環境問題の発見と改善が入っていない。だが、彼女らは日常の家庭訪問を通じてそのような視点が養われていた、と見るべきであろう。前述の岩手県沢内村の全住宅の改造に際しては、医師と保健師と大工が健康的な住宅の設計に関与した。

著者は、一五年間、保健師養成学校で「住居と健康」について講義をしてきた。そして、卒業時の家庭訪問で「保健師の目から見た居住問題」についてレポートを出してもらっている。その事例二六〇が、早川他編『ケースブック・日本の居住貧困――子育て／高齢障がい者／難病患者』（二〇一一年、藤原書店）に紹介されている。短時間（年間八時間）の講義で鋭い観察眼が養われているのも、すでに看護師の視覚をもつ専門職としての性格と能力から来ているのであろう。

▩保健師が足りない

このような公衆衛生活動の中心的機関として地域住民の生活と健康に重要な役割をになってきた保健師の数は減っている。

理由の第一は、地域保健法の制定による保健所の集約化で、平成六年の同法制定前の保健所八四八カ所は同二十二年四月には四九四カ所まで減少。また、平成十二年の介護保険法で直接的サービスの提供はケアマネージャーが行うようになった。これらの変化で、従来、保健師活動の中心である要介護者や新生児の家庭訪問などは、保健所では三九％、政令市や市町村では五三％に減少している（「平成二一年度保健師活動調査」）。

その結果、被災地での保健師や全国からの支援には限界があり、数の不足が報じられている。

例えば「被災地保健師足りぬ――一人で一〇〇〇人担当」（『朝日新聞』二〇一一年六月二十日）によると、「東日本大震災で被災した三県の沿岸部など計四二市町村のうち、現在も保健師一人当たり一千人以上の避難者がいる自治体が八市町村あり、福島が七町村を占める。地域密着の市町村保健師の役割は介護予防など幅広く、医療が手薄な地方では重要な存在だ。朝日新聞が五月下旬から六月上旬にかけて調べたところ、保健師一人当たりの避難者は、三千人台が福島県大熊町や浪江町、富岡町。二千人台が楢葉町、双葉町、一千人台が広野町、川内村。他は岩手県大槌町だけが一千人台だった。県外からの保健師支援チームは五月末現在、岩手三九、宮城五四（仙台

被災地、保健師足りぬ

8町村 1人で1000人超担当

東京電力福島第一原発の事故で避難する福島県の町村の保健師に大きな負担がかかっていることが朝日新聞社の調査で分かった。東日本大震災で被災した3県の沿岸部など計42市町村のうち、現在も保健師1人当たり1千人以上の避難者がいる自治体が8町村あり、福島が7町村を占める。

厚生労働省は被災地への保健師派遣を続けるため、全国の自治体に、8月までの派遣を要請した。

地域密着の市町村保健師の役割はメンタルヘルスや健診、介護予防など幅広く、医療が手薄な地方では重要な存在だ。朝日新聞社が5月下旬から6月上旬にかけて調べたところ、保健師1人当たりの避難者は3千人台が福島県大熊町や浪江町、富岡町。2千人台が楢葉町、双葉町、1千人台が広野町、川内村だった。他は岩手県大槌町だけが1千人台だった。

福島の7町村によると、避難の長期化に伴い、県内外で住民の居場所が拡散しているという。避難者は、体育館などからホテルや旅館などの「個室」への2次避難で生活環境は改善されたが、一部ではコミュニティーの崩壊や孤立化を深めているという。

一方、県外からの保健師支援チームは5月末現在、岩手39、宮城54（仙台市除く）に対し、福島は14と少ない。　（岩崎賢一）

関西広域連合 のべ2314人派遣

関西広域連合は被災3県の避難所に3月14日から今月12日までにのべ2314人の保健師を派遣。12日現在で20人派遣している。

「世話好き住民」いかす

健康管理は長期派遣で

「みんな、部屋に入っているので、話す機会はない。大広間でご飯を食べるときもシーンとしている」

福島県いわき市内の旅館に避難する広野町の北郷サダ子さん(65)は5月下旬、保健師の健康相談後、こうつぶやいた。

「元気ですよ」という北郷さんだが、血圧は180と92で高い。東京都板橋区から応援にきた保健師、石倉佳世さん(49)は「今は普段の生活と違う。かかりつけ医にかかって薬は忘れないで飲んでね」と助言し、健康管理票に書き込んだ。

町民5400人の広野町は、原発の緊急時避難準備区域にある。5月末から急きょ、東京都特別区の応援を受けたが、カバーできるのはいわき市と石川町の旅館・ホテル中心だ。「お部屋回り」をしても、昼間はなかなか会えない。

◇

津波で大きな被害を受けた岩手県陸前高田市。保健師1人当たりの避難者数を比べると、4月初めの3101人から6月には687人に減った。一見負担は軽くなったかにみえるが、仮設住宅などへ移った人は環境の変化で体調を崩しやすく、安心はできない。

被災者支援は避難所中心になりがちだが、個人宅への避難者数（4119人）が、避難所の避難者数（2820人）を上回っていた。

役割の変化もある。健康調査は1週間の短期派遣でも可能だが、健康管理の仕組みをつくり実行していくには長期派遣でないとできない。神戸市から派遣された保健師は健康調査で地域を回りながら「世話好きな住民」を探した。支援が必要な人にどんな対応をしてもらえそうか、一覧表と地図を作製。住民を活用することで、地元の保健師は逆に手薄な地域を重点的に回れるからだ。神戸市健康部主幹の田中由紀子さんは「限られた人、物、財力の中で、地域力を生かし、健康ニーズに応えていけるような、自立できる方法を提案したい」と話している。

図表14　『朝日新聞』2011年6月20日付

市除く）に対し、福島は一四と少ない」（**図表14**）。

著者が保健師の市町村団体から聞いたところでは、「地元での本来の仕事があり、長期間はなれることはできない」、という。保健師数の大幅増員に取り組むべきだ。何度か指摘してきたことだが、日常的に生活を守ることの延長線上に、防災が可能になる。保健師の充実は日常、市民の健康と福祉を守ることを通じて、災害時に防災と被災者救済の役割を果たす、ということである。保健師はいわば〝ソフトの居住福祉資源〟であり、それが「災害時の健康危機管理」にも対応し得る条件である、と思う。

保健師活動の重要性に寄せる目は少なくない。映画監督の新藤兼人さんは、戦時中に保健師を主人公にした映画をつくるため脚本を書いていた。最近そのシナリオ「砂丘の蔭に」が見つかった。内容は、鳥取県東部の医者も助産婦もいない山間部や漁村などの貧しい家庭を自転車で回り、保健衛生の向上や生活改善の在り方を献身的に指導したり、妊産婦の出産に尽くした実在の訪問保健婦（当時）のドキュメンタリーである。フィルムが配給制度になったことや製作関係者の出征で映画化は実現しなかったというが、同監督の保健師への眼差しが伝わってくる（『日本海新聞』二〇一一年七月二十七日）。

5 復興を支える地域の伝統

▒鎮守の森はコミュニティセンター

全国には公式には約八万六〇〇〇、実際は一二万とも二〇万ともいわれる神社があり、地域共同体を守る要として存在している。社殿を囲む鎮守の森は、その土地本来の植生による自然林が多く、森林生態学的にも貴重で、境内の清々しい環境をつくりだし、参詣者の心を癒している。人々は四季折々の例祭に参加し、家内安全、病気平癒、商売繁盛、健康長寿などを祈願し、初詣で、お宮参り、七五三等々で参詣する。神社は、日本人の生活と密接につながっている。

鎮守の森は、水や空気の浄化など、環境保全の効用だけでなく、台風や火災、地震や津波などの被害から人家を守る。避難場所になることもあり、自然、歴史、環境、防災、文化、福祉、教育、信仰の貴重な資源としての役割を果たしている。

紀州の生物学者・民俗学者、南方熊楠（一八六七―一九四一）による「神社合祀令」（一九〇六年）への反対論には、鎮守の有する「居住福祉資源」としての多様な役割が指摘、主張されている（鶴見和子『鶴見和子曼荼羅Ⅴ水の巻　南方熊楠のコスモロジー』一九九八年、藤原書店）。

曰く。合祀反対の意味は、

敬神の念を減殺する、
人心の融和を妨げ、自治機関の運用を害す、
地方を衰微せしむ、
庶民の慰安を奪い人情を薄くし風俗を乱す、
愛郷心を損ず、
土地の治安と利益に大損あり、
勝景史跡と古伝を跡形もなくす

いずれも鎮守・神社の有する地域社会で果している意義・役割について述べたものであった。これに加えて、鎮守が村を再建する重要な要因であることが、新潟県中越地震の復興に際して明らかになった。同地震では鎮守の森や寺院の被害も大きかった。その復元は高齢者の多い被災地の復興・復帰にとっては大きな関心事であった。

仮設住宅居住者に対する希望調査では「元の村に戻りたい。家の復興の次に倒れた墓や鎮守を再建・修理したい」という声が強かった。鎮守は地域共同体の守護神であり集落統合のシンボルであり、人々の暮らしの精神的支柱として大きな役割を果たしてきた、という思いがある。鎮守

の修復は、お年寄りにとって心が癒され落ち着く、村に戻るかけがえのない条件だったのである。

鎮守には神主のいない場合が多い。社の前の広場では春の豊作祈願、お盆の祭り、秋の感謝祭、寄り合いがときおり行われる程度である。だが、例えば山古志村の各集落から提出された再建支援事業申請書には、これまでの「鎮守・神社のコミュニティ活動の内容」として、以下のような項目があげられている。

大祭、区民全員が集まる春・秋の祭典、各種の祭り、盆踊り会、集落お楽しみ会、相撲、八月十五日・九月五日の盆踊り大会、老人クラブの集い、ゲートボール練習、毎年七月下旬のカラオケ、区民バーベキュー大会、その他各種集会等々。

小さな鎮守の社の前の広場での諸々の行事が彷彿される。

一般に宗教施設への公的支援は政教分離で困難とされる。だが、新潟県の復興基金事業はこれらの被災村民の声に対して、「地域・集落等のコミュニティの場として長年利用されている鎮守・神社・堂・祠の復旧」をコミュニティ再建支援事業の中に組み入れ、この要望に応えた。「鎮守」は集落のコミュニティセンターであり、集会所と同じという位置付けである。最高二千万円まで、補助率は四分の三までとされ、四分の一は集落が負担する（図表15）。

事業名

地域コミュニティ施設等再建支援

事業期間 平成18年度～平成20年度

こんなにキレイに
なりました
にぎやかになるのう！
集会所

1. 被災した集会所等のコミュニティ施設の建替・修繕
（震災により離村等した元住民との交流・宿泊機能も対象にできます）
2. 防災設備を整備する場合の設備費
（自主防災組織を結成または結成しようとしている集落・自治会等に限ります）
3. 地域・集落等のコミュニティの場として長年利用されている
被災した鎮守・神社の建替・修繕

補　助　率　3/4以内　防災機能付加は200万円
補助限度額　鎮守・神社の施設復旧は2,000万円

財団法人　新潟県中越大震災復興基金

（復興基金のパンフレットを基に作成）

図表15　新潟県中越大震災復興基金による

著者が訪ねた旧山古志村、長岡市、新潟県復興基金事務局等では、どこでも「被災住民の要請に応えた」ということであった。中山間地の復興について行政関係者や地元の人たちと話すと、たえず口に出てくるのは「文化と暮らしを一体化してとり戻す」「原風景の再生・きずなの復活」などのキーワードであった。

新潟県中越大地震に関する次のような特別立法等の措置要望（平成十六年十一月、新潟県）からはこのような思いが伝わってくる。

「中山間地域における復興・再生は単に住宅を補修すればよいというものではなく、農業をはじめとする生産の基盤や高齢化を支えてきた地域のコミュニティを一緒に復旧させなければ、もう二度と故郷に戻ることができなくなってしまいます」と。

二〇一〇年二月末現在、新潟県復興基金による「地域コミュニティ等再建支援」事業の承認件数は三九三九件、一一三億五二五一万八〇〇〇円、そのうち鎮守・神社の再建支援は一五六八件、五二億一四一八万一〇〇〇円を占める。この英断には敬意を払わざるをえない。他県の被災地では行われていない。

■〝祭り〟で生きる勇気を

森にかこまれた鎮守の境内は居住環境資源であり、鬱蒼とした樹木の四季折々の鮮やかな色合は参詣者の心を洗う環境をつくりだす。そこで行なわれる伝統行事のお祭りはその準備段階からお年寄りや子どもの出番が多く、それが高齢者福祉につながっている場合も少なくない。祭りは子どもから年寄りまで、住民に感動をあたえる一種の福祉行事になっている。

岩手県大槌町は、東日本大震災で農漁業が占める町の中心部すべてが壊滅した。町民一六〇〇〇人のうち一五〇〇人近くが行方不明と死亡であった。大槌町は芸能の宝庫であり、震災後の地元の人たちの最大の関心事は秋祭りであった。縁あって地元に入りこんでいた山口幸夫さん（日本社会事業大学）の呼びかけで、今までも小鎚神社に奉納していた大槌祭の復興に、臼澤《うすざわ》鹿子《しし》踊《おどり》保存会の東梅英夫《とうばいてるお》さんが先頭に立ち、町の保存会連合会が動き出した。

踊りの練習をかさねる中で、肉親や家を失った人々に生きる勇気が戻ってきた、という。サポートした山口幸夫さんはこう語っている。

「ひとつの集落の踊りの相談がいくつかの集落との祭りの話し合いになり、秋祭り、まちの復興の会議にもなっていった。人は災害のあとに、鎮魂のため、また再生を念じて踊る。住まいを、暮らしを、コミュニティを復興するため祭りを行う。祭りは居住福祉事業、社会開発なのだ」と

（詳しくは山口幸夫「大槌町の復興——居住福祉資源としての伝統芸能・祭」『居住福祉研究12』二〇一一年十一月、東信堂、を参照）。

その後、祭りの復活は大槌町内の各地区へ、そして山田町、釜石市その他にひろがって、被災

図表16　〈上〉大槌町中心部がすべて流され焼けた中、奇跡的にのこった小鎚神社（2011 年 5 月 18 日／撮影・山口幸夫）
〈下〉大槌町・臼澤鹿子踊りの練習を見る被災した大槌町の人々（2011 年 5 月 1 日／撮影・山口幸夫）

者を勇気づけている（図表16）。

▓被災者を勇気づけた総持寺の鐘の音

石川県輪島市門前町の総持寺は、ながく曹洞宗の総本山であった。一八九八年伽藍の焼失を機に一九一〇年神奈川県鶴見に移転、門前町の跡地は総持寺祖院として再建された。現在は、福井県の永平寺とともに総洞宗の二つの大本山になっている。約二万坪の敷地には、焼失を免がれた経蔵などのほか、新しく建立された七堂伽藍が鬱蒼とした緑に覆われ、古色蒼然とした山水、古木と調和し、静寂な環境に包まれている。その門前町にある総持寺も大きな被害を受けた。私は地震から半年近くを経た二〇〇七年八月、十一月の二度にわたり門前町に総持寺を訪ね、高島仙龍・副寺から話を伺った。

地震で文化財が無くなり、一カ月はブルーシートがかかったままでした。雨漏りは自分たちで修理しました。町のことも気がかりでしたが、寺のことで精一杯でした。
ところがある日、新聞に一通の投書が載りました。いつも聞いていた総持寺の鐘の音が聞こえない。寂しい、と。はっと気がつきました。鐘の音がない門前は意味がない、と。それで、震災後やめていた朝の四時、一一時、夕方の六時、九時の鐘を復活しました。家々を門付けしてまわる托鉢も復活しました。すべてを震災前にもどしました。

鐘の音はふたたび町に響きわたりました。家がこわれ自信を失っていた人たちは、「ああ、お寺さんがもどってきた」と元気を出しました。檀家だけではありません。町を巡る托鉢僧は、家をかたづけながらお寺に向かって合唱する多くの市民を目にしました。親戚に身を寄せている人は、心がおちつくと言ってくれました。半壊の家には救援物資が来ない。そこに托鉢僧が訪れると大変喜ばれ、励まされる、と言われました。朝の散歩に本山の中に入ってお参りする人がふえました。

朝夕、遠くに近くに聞こえる寺の鐘の音は、地震で打ちひしがれた人々に在りし日を思い起こさせ、生きる勇気を与えたのであった。人々が日ごろ何げなく聞いている寺院や教会の鐘の音、風のながれ、川のせせらぎ、木々のざわめき、鳥のさえずりなどは意識せぬままに暮らしの中に根を下ろし、生活をかこむ音環境をつくっている。それが、生活の安定感や安心感をもたらしているのであろう。寺院の鐘も生活の中に根付いた目に見えない「居住福祉資源」と呼ぶべき存在である。遠くから聞こえてくる祭りばやしの笛や太鼓の音に誘われ、浴衣《ゆかた》がけの子供たちが連れ立って出かけて行く風景も、鎮守の有する同じ風景と言える。

【付記】「居住福祉資源」概念をめぐって、いくつかの理論的・学術的検討と論争が行われているのは、嬉しいことである。例えば、神野武美『居住福祉の経済学』（居住福祉ブックレット18、二〇〇九年十月、東信堂）「居住福祉資源の本質とその歴史的考察」（日本居住福祉学会編『居住福祉研究7』二〇〇九年五月、東信堂）、吉田邦彦「早川居住福祉学との出会い及びその魅力とディレンマ」（『居住福祉研究5』二〇〇七年五月）、村山正晃「阪神・淡路大震災から見た社会権と居住福祉国家論」（『居住福祉研究6』二〇〇八年五月、東信堂）「居住福祉資源発見の多様性と発展」（同9、二〇一〇年五月）「社会権と居住福祉国家論」（同12、二〇一一年十一月）。

日本列島「居住福祉」改造計画序説——あとがきにかえて

ある漁民が津波のあとの海辺に立って、こう叫んだ、という話を聞いた。

「昔の浜の風景に戻った!」と。

昔は浜が続き、松林がひろがり、近くに家はなかった。ところが、いつの間にか松林は消え去り、堤防が築かれ、その内側に家がぎっしり建て込むようになった。昔のままだったら被害は小さかっただろうに、と。

日本列島改造計画、国土総合開発計画を初めとして、戦後の日本は徹底して、国土を「開発」し、経済成長に利用して来た。見かけ上の所得がふえ、ものがあふれて、消費文明を享受するようになり、地方からは農業をやめるなどして大都市に移り住み、「文化生活」を送るようになった。

だが、その一方で「豊かさとは何か」が問われ、「新しい貧困」が人々を襲っている。

日本の歴史上でかって見られない親殺し、子殺し、犯罪の日常化などに代表される、すさまじいまでの人心の頽廃が生じるようになった。人の心から国土までの荒廃は各種の道徳的・人的・社会的・物的「災害」として、今その付けが回ってきているように思える。

原発災害もその延長線上にある、と見るべきだろう。地震は自然現象だが、災害は社会現象である、と各種災害被災地を訪れてしみじみ思う。そして、地震や津波などによる一次被害から、避難や復興段階での二次、三次被害にまでに及ぶ。

私は以前、阪神大震災に関連して「被災者は四度殺される」という一文を書いた。〝密集住宅地の生活環境施設整備を放置して新規開発に明け暮れた住宅政策で殺され、劣悪な環境の避難所で殺され、僻地の仮設住宅に追いやられて殺され、被災者を放置して土地区画整理や神戸空港にかまける都市計画で殺された〟、と（『週刊金曜日』一九九五年九月八日号）。その後、復興公営住宅で五度殺されている。「殺される」とは穏当でない言葉だが、それ以外に表現のしようがない。

本書で言いたかったことは、第一に「地域で住み働く主体」としての住民、農林漁民の意志を尊重せずに居住環境も国土も守れない、ということ。第二に日常の生活環境整備が危機管理の根幹、ということである。

行政がどのように熱心に治山治水に取りくんでも、一次産業に携わる農林漁業者が、山や森や農地や河川や海などの自然界に働きかけて糧を得る日常の暮らし、生業を通じての国土管理には及ばない、と現地を訪ね地元の人々と話し合って思う。

例えば、山に入り下草を刈り、倒れた雑木をとり除き、山間の水道《みずみち》が塞がれておればそれを取り除く。人の出入りしにくい奥地には薬草を植え、その収穫を兼ねて山を点検する。異常に気がつけば補修する。植林は地盤に根付かない。地盤を固めない木材生産のための植林でなく、大地を保全しかつ地域の地質地盤地形に合った樹種を選ぶ。

戦後の農林漁業を衰退させた政治を一八〇度転換し、その回復・振興にとりくむことこそは「防災の土台」である、と思う。行政の治山治水事業もこうした地元住民の意見をとり入れながら、災害防止にとりくむべきだ、と思う。同じ意味において、地域住民の各種の環境保全運動や開発計画にたいする反対運動も、都市・国土保全の道を示唆している、と受けとめるべきであろう。

毎日のように報じられる全国各地での住宅火災とその延焼による犠牲にしても、零細密集住宅地を放置して来た市場原理中心の住宅政策に起因するものであり、有料老人ホーム入居者の犠牲も同じである。「居住の権利」「居住福祉」を実現する居住政策なしに、「住宅災害」は防げないし、高齢社会は成り立たない。

二十一世紀は、国民が人間にふさわしく住む居住保障、農林漁業を振興して国土を保全する国土政策、大量生産・大量消費の生活様式の社会化への転換が中心課題となるべきであろう。要は、戦後日本の政治・経済・暮らし方のパラダイム転換ができるかどうかで、そこにこの国の命運がかかっている。

それには、政界、産業経済界、行政、学者専門家、マスメディア、そして市民自身が主体性を確立し、本来の社会的責務に立ちかえり、国土の再構築にとりくまねばならない。著者は、そのさい目指すべき日本の国土を「居住福祉列島への体質改善」と考えている。本書は、その一端を述べたものでもある。

本書が東日本大震災の復興も含め、これからの防災対策に少しでも役立つことを希っている。

なお、本書に登場する被災地調査に際しては、大勢の方々にお世話になり、教えられるところが大きかった。お名前の一部は本文中、及び『居住福祉資源発見の旅Ⅰ、Ⅱ』の中で紹介させて頂いた。重ねてお礼申し上げます。また、合計百数十回（阪神地区を除く）に及ぶ被災地調査旅費を調達できたのは、文部科学省・科学研究費（代表）早川の他、井上英夫（金沢大学教授・社会保障法）、吉田邦彦（北海道大学教授・民法）、山崎寿一（神戸大学教授、都市農村計画）の各チームに参加できたことで、有り難かった。記して謝意を表します。

末筆ながら、本書の刊行を強く勧めて下さった藤原良雄社長、編集担当の刈屋琢氏にお礼申し上げます。

二〇一一年九月

早川和男

著者紹介

早川和男（はやかわ・かずお）

1931年奈良市生まれ。京都大学工学部卒業後、日本住宅公団技師、建設省建築研究所住宅計画・都市計画・建設経済各研究室長、英国国立建築研究所・ロンドン大学経済学部客員研究員、天津大学客員教授等を経て、現在神戸大学名誉教授。日本居住福祉学会会長。日本都市計画学会賞、日本生活学会賞、毎日21世紀賞、久保医療文化賞、建設大臣業績表彰等受賞。工学博士。
著書に『空間価値論——都市開発と地価の構造』（勁草書房）『土地問題の政治経済学——市民のための空間をもとめて』（東洋経済新報社）『住宅貧乏物語』『居住福祉』（岩波新書）『居住福祉の論理』（共著、東京大学出版会）『人は住むためにいかに闘ってきたか——欧米住宅物語』『居住福祉資源発見の旅Ⅰ・Ⅱ』（東信堂）『権力に迎合する学者たち——「反骨的学問」のススメ』『早川式「居住学」の方法——50年の思索と実践』（三五館）『ケースブック・日本の居住貧困——子育て／高齢障がい者／難病患者』（編者代表、藤原書店）他。

災害《さいがい》に負《ま》けない「居住福祉《きょじゅうふくし》」

2011年10月30日　初版第1刷発行©

著　者　早川和男
発行者　藤原良雄
発行所　株式会社 藤原書店

〒162-0041　東京都新宿区早稲田鶴巻町523
電　話　03（5272）0301
ＦＡＸ　03（5272）0450
振　替　00160 - 4 - 17013
info@fujiwara-shoten.co.jp

印刷・製本　中央精版印刷

落丁本・乱丁本はお取替えいたします
定価はカバーに表示してあります

Printed in Japan
ISBN978-4-89434-821-9

市民活動家の必読書

NGOとは何か
〈現場からの声〉

伊勢崎賢治

アフリカの開発援助現場から届いた市民活動（NGO、NPO）への初のラディカルな問題提起。「善意」を「本物の成果」にするために何を変えなければならないかを、国際NGOの海外事務所長が経験に基づき具体的に示した、関係者必読の開発援助改造論。

四六並製　三〇四頁　**二八〇〇円**
（一九九七年一〇月刊）
◇978-4-89434-079-4

一日本人の貴重な体験記録

東チモール県知事日記

伊勢崎賢治

練達の〝NGO魂〟国連職員が、デジカメ片手に奔走した、波瀾万丈「県知事」業務の写真日記。植民地支配、民族内乱、国家と軍、主権国家への国際社会の介入……。難問山積の最も危険な県の「知事」が体験したものは？

写真多数
四六並製　三二八頁　**二八〇〇円**
（二〇〇一年一〇月刊）
◇978-4-89434-252-1

国家を超えたいきかたのすすめ

NGO主義でいこう
〈インド・フィリピン・インドネシアで開発を考える〉

小野行雄

NGO活動の中でつきあたる「誰のための開発援助か」という難問。あくまで一人ひとりのNGO実践者という立場に立ち、具体的な体験のなかで深く柔らかく考える、ありそうでなかった「NGO実践入門」。

写真多数
四六並製　二六四頁　**二二〇〇円**
（二〇〇二年六月刊）
◇978-4-89434-291-0

「赤十字」の仕事とは

「赤十字」とは何か
〈人道と政治〉

小池政行

〝赤十字〟は、要請があればどこにでもかけつけ、どこの国家にも属さない〝中立〟な立場で救援活動をおこなう〝人道〟救援団体である。創始者アンリ・デュナンのように、困難な状況にある人々を敵味方なく救うという〝人道〟意識を育むことで、日本人の国際感覚を問い直す。

四六上製　二五六頁　**二五〇〇円**
（二〇一〇年四月刊）
◇978-4-89434-741-0

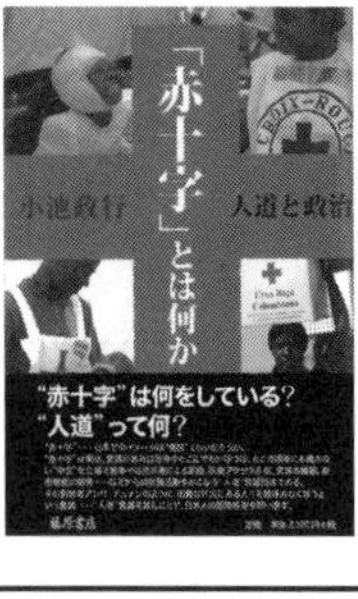